JN491846

기초한자 250

한자의 원리와 활용 재개정판

중어중문학과 교재편찬위원회 편

충북대학교 출판부

차례

일러두기

1. '상용부수 100'에서는 자주 사용되는 부수 100개를 선정하여 설명하였다.
2. '기초편'은 「한국한자능력검정회韓國漢字能力檢定會」에서 배정한 4급 한자를 표제자로 수록하였다.
3. '기초편' 구성은 다음과 같다.
   '字解'는 표제 한자 풀이,
   '關'은 표제자 표음성분과 관련된 한자,
   '類'는 표제자와 관련된 유의어,
   '反'은 표제자와 관련된 반의어,
   '成'은 표제자와 관련된 성어를 약칭한 것이다.
4. '관련한자' 급수 및 급수별 배정 한자는 「한국한자능력검정회」의 기준을 따랐다.
   (예) 刊^{3}→ '刊'은 3급 한자를 가리킴.

머리말

오늘날 우리는 문화의 시대에 살고 있다. 문화는 상호 소통, 상호 자극을 통하여 그 문화를 점진적으로 발전시킨다. 이러한 문화의 소통과 자극의 소통에는 언어, 문자의 역할이 절대적이다. 특히 한자문화권이라는 큰 틀 속에서 서로 소통, 자극, 나아가 경쟁했던 동아시아 국가들의 경제적 · 문화적 위상이 높아지면서 한자 학습의 중요성과 필요성이 점점 커지고 있다.

동아시아의 변화 국면은 대학에 많은 변화를 요구하고 있는데, 그 가운데 하나가 대학생들에 대한 체계적인 한자교육의 요구라 하겠다. 이를 위해 우리 실무한자 교재편찬위원회에서는 보다 체계적으로 한자에 접근할 수 있는 방법을 모색해 왔는데, 이번에 새로 개정된 『기초한자 250』은 그 하나의 성과물이라 할 수 있다.

이번 개정 교재의 가장 큰 원칙은 한자의 형성, 운용의 단단한 기초 확립이었고, 이 원칙에 따라 교재에 수록된 한자 숫자도 대폭 줄였으나 '기초한자 250자'를 중심으로 그것과 표음적인 연관성을 지닌 한자 · 유의자 · 반의자 · 약자 · 성어 등을 배치하여 한자에 대한 체계적인 이해가 가능하도록 전체 내용을 새롭게 디자인했다.

모쪼록 이번에 개정 출간되는 『기초한자 250자』가 21세기 동아시아 시대 한자 학습의 좋은 길동무가 되기를 희망한다. 아울러 부족한 점에 대한 많은 叱正을 기대하며, 이를 바탕으로 우리 편찬위원회는 새롭고 체계적인 교재 편찬을 위해 보다 큰 노력을 기울일 것이다.

2009년 8월 19일

충북대학교 중어중문학과 교재편찬위원회

개론편

1. 한자漢字의 기원

한자는 세계에서 가장 오래된 문자 중의 하나이며, 사용 인구가 가장 많은 문자이다. 현재 우리가 볼 수 있는 가장 오래된 한자는 19세기 말 중국 하남성河南省 안양현安陽縣 소둔촌小屯村에서 발견된 갑골문甲骨文이다. 지금으로부터 3,300여 년 전인 은대殷代 후기의 문자로, 약 3,500여 자가 있는데, 상형象形, 회의會意, 형성形聲, 가차假借 등의 방법으로 만들어진 문자들이 포함되어 있어 기본적으로 성숙한 형태의 문자라고 할 수 있다.

또한 중국 섬서성陝西省의 서안西安 반파半坡 등 앙소문화仰韶文化 유적지에서 도기陶器에 새겨진 기호가 발견되었는데, 많은 사람들이 이들을 문자적 성격을 구비한 부호로 생각하고 있다. 만약 이로부터 한자의 역사를 따진다면 한자의 역사는 6,800여 년이 된다. 그러나 도문陶文은 한자가 아니라는 주장도 제기되고 있기 때문에, 일반적으로는 갑골문을 최초의 한자로 본다. 따라서 한자의 역사는 약 3,300여 년이라고 생각할 수 있다. 그러나 갑골문 가운데에는 한자의 발전상 늦게 출현하는 형성자도 존재하고 있으므로 실제 최초의 한자가 만들어진 시기는 이보다 훨씬 이전일 것으로 추정된다.

창힐蒼頡이 문자를 만들었다는 고대의 전설은 믿을 만한 것이 못되지만, 창힐이 황제黃帝의 사관史官이었다면 창힐이 문자를 정리했다고는 충분히 가정할 수 있다.

2. 한자 자형字形의 변천

한자 자형은 시대를 거듭하면서 필기구의 발달과 쓰기의 편의에 따라 계속 변화되었다. 자체는 쓰기에 편리해야 한다. 따라서 자체는 결국 번잡한 것에서 간단한 것으로 변화되었다. 즉 갑골문에서부터 금문金文, 소전小篆(전서篆書), 예서隸書, 초서草書, 해서楷書, 행서行書의 순으로 자체가 변화했는데, 대체로 획을 없애거나 쓰기 어려운 획을 고치는 등의 방법으로 자형이 간단하게 변화했다. 자체가 변화하는 과정 속에서 시대마다 그 시대를 대표하는 자체가 존재하게 되었다. 은대에는 갑골문을, 주대에는 금문을, 진대秦代에는 주로 소전을 사용하였다. 한대漢代에는 주로 예서를 사용하였으나, 초서와 행서도 유행하였고, 위 · 진대魏 · 晉代로부터 현대에 이르기까지는 주로 해서를 사용하고 행서를 보조 자체로 사용하고 있다.

(1) 갑골문 : 한자의 최초 형태로 간주되며, 은나라 후기(기원전 14~11세기)에 통용되었다. 국가의 대소사를 점친 점사占辭(복사卜辭)로 주로 귀갑龜甲이나 우골牛骨에 새겨있어 귀갑수골문자龜甲獸骨文字라 하는데 줄여서 갑골문이라 한다. 은나라 수도인 은허殷墟 지금의 하남성 안양현 소둔촌에서 대량으로 출토되어 '은허문자殷墟文字'라고도 부른다.

(2) 금문 : 은나라와 서주西周, 춘추전국시대(기원전 475~221)에 걸쳐 청동기에 새기거나 주조한 글자를 말한다. 종과 그릇에 새겨졌다고 하여 '종정문鐘鼎文'이라고도 한다. 초기 금문에는 그림문자의 흔적이 남아 있어 갑골문과 비슷하지만, 후기에는 소전과 비슷한 면모를 보인다. 금문은 갑골문과 소전의 과도기적인 형태라 할 수 있다. 이외에 돌에 새긴 석문石文도 있어서 '금석문金石文'으로 합칭하기도 한다.

(3) 전서 : 대전大篆과 소전의 두 종류가 있다. 대전은 주 선왕宣王 때 태사太史 주籒가 만들어 주문籒文이라고도 하며 전국시대까지 쓰였다. 소전은 진시황이 중국을 통일한 후 문자를 통일시킬 때 이사李斯가 당시 육국의 문자인 대전을 가감하여 정리한 것으로, 처음으로 규범화된 한자 자체이다.

(4) 예서 : 진나라 말기에 부분적으로 사용되다, 한대부터 통용되기 시작하여 삼국시대까지 사용되었다. 대부분이 지금의 글자꼴과 비슷하며, 지금 통용되는 해서의 기초가 된다. 고문자古文字에서 금문자今文字로 전환하는 계기가 되었다.

(5) 초서 : 장초章草, 금초今草, 광초狂草의 세 종류가 있다. 장초는 한나라 초기에 출현한 것으로, 당시 통용되던 예서를 빠르게 쓴 초서를 말한다. 금초는 해서를 빠르게 쓴 자체로

한나라 말기부터 시작하여 현재까지 전해온다. 광초는 금초를 기초로 하여 임의로 필획을 증감하고 자의적으로 이어 쓴 자체로 당대唐代에 성행했다. 일반적으로 초서는 금초를 일컫는다.

(6) 해서 : 한나라 말기에 출현하여 지금까지 통용된다. 글자체가 단정하고 반듯하며 서체의 표준이 된다고 하여 '정서正書' 혹은 '진서眞書'라고도 한다.

(7) 행서 : 한나라 말기 해서와 금초가 성행하던 시기에 생성되어 삼국시대부터 진晋나라에 이르기까지 유행한 자체로 해서와 초서의 중간적 성격을 지니는 자체이다. 행서는 해서보다 쓰기 편하고 초서보다 알기 쉬워 널리 사용되었다.

자체字體가 발생한 순서는 다음과 같다.

갑골문 - 금문 - 대전 - 소전 - 예서 - 초서 - 해서 - 행서

3. 한자의 형성 원리

한자는 '상형象形, 지사指事, 회의會意, 형성形聲, 전주轉注, 가차假借'라는 여섯 가지 형성 원리가 있다. 이 여섯 가지 형성 원리를 '육서六書'라 하는데, 이 중 상형, 지사, 회의, 형성은 한자를 만드는 기본 원리로 한자를 이해하는 중요한 원리가 되며, 전주와 가차는 한자를 운용하는 방식에 속한다.

(1) 상형 : 사물의 모양을 본뜬 글자로, 선으로 사물의 형상을 그려 의미를 나타낸다. 많은 사물을 몇 개의 선으로 그려내기도 어렵고 그릴 수 있더라도 복잡하여 교제도구로서 적절치 못하기 때문에 상형의 방식에 의해 만들어진 글자는 많지 않다. 『설문해자說文解字』 9,353자 중 상형자는 364자로 약 4%이다.

大, 人, 日, 月, 山, 川, 果, 血, 鳥, 免 ……

(2) 지사 : 추상적인 부호로 뜻을 나타낸다. 추상적인 개념을 나타내기 위해 기호화하거나 혹은 이미 만들어진 상형문자에 지시성이 있는 점이나 선을 더해 만든 글자이다. 『설문해자』 9,353자 중 지사자는 125자로 약 1.1%이다.

一, 二, 上, 下, 本, 末, 天, 刃 ……

(3) 회의 : 둘 이상의 편방을 조합하여 개념을 나타낸다. 이미 만들어진 글자의 뜻을 결합하여 새로운 의미를 나타내는 방식이다. 이런 방식으로 그려낼 수 없는 동작이나 상태를 나타낼 수 있다. 『설문해자』 9,353자 중 회의자는 1,167자로 약 12.4%이다.

炎, 林, 森, 位, 武, 孝, 益 ……

(4) 형성 : 글자의 일부로 대체적인 의미를 나타내고 글자의 다른 일부로 글자의 소리를 나타낸다. 『설문해자』 9,353자 중 형성자는 7,697자로 약 82%이다.

이 방식에 따라 많은 글자들이 만들어져, 형성자가 전체 한자에서 차지하는 비율은 약 90% 정도나 된다. 형성자의 표음성분은 '성방聲旁'이라고 하는데, 성방은 대개 상형자, 지사자, 회의자이다. 표의성분은 '형방形旁'이라고 하는데, 형방은 상형자가 대부분이다. 형성자는 형방과 성방으로 구성되어 있어 한자의 대략적인 음과 훈을 유추할 수 있다. 그러나 형방은 새로운 글자의 대략적인 의미만을 암시하고, 성방도 오랜 세월동안 음이 변한 것이 있어 현재 음과 훈을 곧바로 알기는 어렵다. 또한 성방이 의미를 나타내는 경우도 있어 '회의'와의 구분이 모호한 것도 많다.

沐, 村, 郡, 閱, 裂, 固, 閣, 聞, 問 ……

(5) 전주 : 기존의 글자를 이용하여 원래의 의미와 유관한 의미로 바꾸어 표시하는 것으

로 본래 글자의 의미를 확대하여 사용하는 방식이다.

> **習**: 회의자로 본래는 '어린 새가 나는 것을 익히는 것'을 의미했는데, 이로부터 '연습하다, 익히다', '익숙하다', '습관, 관습' 등의 의미로 확대되었다.
> **樂**: 상형자로, 본래 '받침 위에 있는 커다란 북'을 의미했는데, 북은 음악을 연주하는 도구이므로 '음악', 음악은 즐기는 것이므로 '즐기다', '좋아하다' 등으로 의미가 확대되었다.

(6) 가차 : 표의문자인 한자를 표음문자처럼 임시로 빌려서 사용하는 방식이다. 가차는 본래 의미와는 상관없이 단순히 음이 같고 획수가 적은 글자를 빌려 쓰는 것으로 시작되었다. 후에 외래어의 표기에 이 방식을 사용하게 되었다.

> **然**: 본래 '불타다'라는 뜻인데, 음을 빌려 '그러나'란 의미로 사용하게 되었다.

4. 한자의 획순

한자는 여러 개의 점과 선으로 이루어져 있는데, 한 번 긋는 점과 선을 획劃이라 한다. 획순에 따라 글자를 쓰면 바르고 쉽게 쓸 수 있다. 대체적인 원칙은 다음과 같다.

⑴ 위에서 아래의 순으로 쓴다 : 言 喜
⑵ 왼쪽에서 오른쪽의 순으로 쓴다 : 川 學 休
⑶ 가로획과 세로획이 교차할 때 다음의 두 가지 경우가 있다.
　① 가로획부터 쓰는 경우 : 十 寸 共 算 無 用 井
　② 세로획부터 쓰는 경우 : 田 曲 角 再 王 寒 佳 馬
⑷ 좌우가 대칭일 때 다음의 두 가지 경우가 있다.

① 가운데를 먼저 쓰는 경우: 小 水 樂 業 承

② 가운데를 나중에 하거나, 획이 놓인 순서대로 쓰는 경우 : 火 性

⑸ 에워싼 구조의 획순은 다음의 여러 가지 경우가 있다.

① 同 內 間: 좌-상우--내

② 日 國: 좌-상우--내-하

③ 區, 臣: 상-내-좌하

④ 司, 包: 상우--내

⑤ 可: 상-내-우

⑥ 凶, 幽: 안-좌하--우

⑹ 삐침과 파임이 교차할 때는 삐침을 먼저 한다 : 文 父 處 人 欠 金

※ 必: 양쪽 점을 나중에 한다.

⑺ 가로획과 삐침이 교차할 때는 다음의 두 가지 경우가 있다.

① 삐침부터: 右 有 希 九 及

② 가로획부터: 左 存 友 /力 万

※ 店, 虎: 상-좌

⑻ 좌우를 꿰뚫은 획은 나중에 쓴다 : 女 母 子 舟

※ 世의 경우는 맨 처음에 쓴다.

⑼ 위아래를 뚫는 획을 쓰는 순서에는 다음의 두 가지 경우가 있다.

① 위아래가 트이거나 위만 막힌 경우는 뚫는 획을 나중에 쓴다.

中 車 事/ 手 平

② 아래가 막힌 경우는 막는 가로획을 나중에 쓴다.

書 妻 生 虫 里 重

⑽ 점을 찍는 순서에는 다음의 두 가지 경우가 있다.

① 상중, 좌상의 점은 먼저 찍는다 : 文, 斗

② 우상변, 하변, 안의 점은 맨 나중에 찍는다 : 代, 冬

⑾) 받침을 쓰는 순서에는 다음의 두 가지 경우가 있다.

① '走, 免, 是'가 받침일 때는 먼저 쓴다 : 起 勉 題

② '辶, 廴'가 받침일 때는 나중에 쓴다 : 近 建

⑿ 틀리기 쉬운 획수

① 凹(5획) 凸(5획) 亞(8획)

② 乃(2획) 弓(3획)/ 馬(10획) 鳥(11획)

③ 毋(4획) 牙(4획)/ 口(3획)

④ 厶(2획) 比(4획) 氏(4획) 瓜(5획) 育(8획) 以(5획) 瓦(5획) 内(5획)

5. 부수部首

(1) 부수의 의미와 유래

동한 시기에 허신許愼이 『설문해자』라는 자전을 지으면서 글자의 검색을 편하게 하기 위해 처음 창안한 것이 '부수'이다. 허신은 같은 편방을 가지고 있는 글자끼리 따로 모아 540개의 부류로 나누고 이들이 공통으로 가지고 있는 편방을 부수자로 삼았다. 따라서 부수란 '같은 성격을 갖는 부류의 대표 글자'라 할 수 있다.

허신의 '부수검자법部首檢字法'이 생긴 이후 편찬된 자전들은 모두 부수검자법을 따랐다. 이 부수검자법은 편리하기는 했으나 부수의 숫자가 너무 많아, 후대로 오면서 그 숫자를 줄이려는 시도가 있었다. 명대의 매응조梅膺祚는 『자휘』(33,179자 수록)를 지으면서 부수를 214개로 정하고 '획수'에 따라 배열하였는데, 이로부터 청대의 『강희자전康熙字典』(47,035자 수록) 등 현대의 거의 모든 자전이 이 방식을 채택하고 있다. 한편으로 최근에는 214부수도 불필요한 것이 있다고 생각하여, 중국에서 만든 『한어대사전漢語大詞典』(54,678자 수록)에서는 200개로 줄여서 사용하고 있으며, 『신화자전新華字典』에서는 189개의 부수만을 채택하고 있다.

(2) 부수의 위치에 따른 명칭

① 변 : 글자의 왼쪽에 위치

亻(인변) 彳(두인변) 忄(심방변) 氵(삼수변) 糸(실사변)

② 방 : 글자의 오른쪽에 위치

刂(칼도방) 阝(우부방, 좌부방)

③ 머리 : 글자의 위쪽에 위치

亠(갓머리) 竹(대죽머리) 艹(초두머리) 癶(필발머리)

④ 발 : 글자의 아래쪽에 위치

儿(어진사람인발) 灬(불화발, 연화받침) 夊(천천히걸을쇠발)

⑤ 받침 : 글자의 왼쪽에서 아래로 받쳐져서 위치

廴(민책받침) 辶(책받침)

⑥ 엄호 : 글자의 위에서 왼쪽 아래로 위치

厂(민엄호) 尸(주검시엄) 虍(범호) 气(기운기엄)

⑦ 몸 : 밖에서 에워싸고 있는 것

冂(멀경몸) 口(큰입구몸)

⑧ 제 부수 : 글자 자체가 부수인 경우

金 馬 鳥 鼻

부수편

[부수 일람표]

[1획]

一 한 일	丨 뚫을 곤	丶 점 주	丿 삐침 별
乙 굽을 을	亅 갈고리 궐		

[2획]

二 두 이	亠 돼지해밑 두	人 亻 사람 인	儿 어진사람 인
入 들 입	八 여덟 팔	冂 멀 경	冖 덮을 멱
冫 얼음 빙	几 안석 궤	凵 입벌릴 감	刀 刂 칼 도
力 힘 력	勹 쌀 포	匕 비수 비	匚 상자 방
匸 감출 혜	十 열 십	卜 점 복	卩 㔾 병부 절
厂 언덕 한	厶 사사로울 사	又 또 우	

[3획]

口 입 구	囗 에울 위	土 흙 토	士 선비 사
夂 뒤져올 치	夊 천천히걸을 쇠	夕 저녁 석	大 클 대
女 계집 녀	子 아들 자	宀 집 면	寸 마디 촌
小 작을 소	尢 兀 尣 절름발이 왕	尸 주검 시	屮 屮 싹날 철
山 뫼 산	川 巛 내 천	工 장인 공	己 몸 기
巾 수건 건	干 방패 간	幺 작을 요	广 집 엄
廴 길게걸을 인	廾 받들 공	弋 주살 익	弓 활 궁
彑 彐 ⺕ 돼지머리 계	彡 터럭 삼	彳 걸을 척	

[4획]

心 忄 㣺 마음 심	戈 창 과	戶 지게 호	手 扌 손 수
支 가지 지	攴 攵 칠 복	文 글월 문	斗 말 두
斤 도끼 근	方 모 방	无 旡 없을무/이미기	日 날 일
曰 가로 왈	月 달 월	木 나무 목	欠 하품 흠
止 그칠 지	歹 歺 앙상한뼈 알	殳 칠 수	毋 毌 말 무
比 견줄 비	毛 털 모	氏 성 씨	气 기운 기
水 氵 氺 물 수	火 灬 불 화	爪 爫 손톱 조	父 아비 부
爻 사귈 효	爿 조각 장	片 조각 편	牙 어금니 아
牛 牜 소 우	犬 犭 개견		

[5획]

玄 검을 현	玉 구슬 옥	瓜 오이 과	瓦 기와 와
甘 달 감	生 날 생	用 쓸 용	田 밭 전
疋 발 소/짝 필	疒 병질 녁	癶 걸을 발	白 흰 백
皮 가죽 피	皿 그릇 명	目罒 눈 목	矛 창 모
矢 화살 시	石 돌 석	示礻 보일 시	禸 발자국 유
禾 벼 화	穴 구멍 혈	立 설 립	

[6획]

竹 대 죽	米 쌀 미	糸 실 사	缶 장군 부
网罒 그물 망	羊 양 양	羽 깃 우	老 늙을 로
而 말이을 이	耒 쟁기 뢰	耳 귀 이	聿 붓 율
肉月 고기 육	臣 신하 신	自 스스로 자	至 이를 지
臼 절구 구	舌 혀 설	舛 어그러질 천	舟 배 주
艮 그칠 간	色 색 색	艸艹艹 풀 초	虍 범 호
虫 벌레 충	血 피 혈	行 갈 행	衣衤 옷 의
襾 덮을 아			

[7획]

見 볼 견	角 뿔 각	言 말씀 언	谷 골 곡
豆 콩 두	豕 돼지 시	豸 벌레 치	貝 조개 패
赤 붉을 적	走 달릴 주	足 발 족	身 몸 신
車 수레 거	辛 매울 신	辰 조개 신	辵辶 쉬엄쉬엄갈 착
邑阝 고을 읍	酉 닭 유	釆 분별할 변	里 마을 리

[8획]

金 쇠 금	長镸 길 장	門 문 문	阜阝 언덕 부
隶 미칠 이	隹 새 추	雨 비 우	青 푸를 청
非 아닐 비			

[9획]

面 얼굴 면	革 가죽 혁	韋 가죽 위	韭 부추 구
音 소리 음	頁 머리 혈	風 바람 풍	飛 날 비
食 먹을 식	首 머리 수	香 향기 향	

[10획]

馬 말 마	骨 뼈 골	高 높을 고	髟 긴머리털 표
鬥 싸울 투	鬯 울창주 창	鬲 솥 력	鬼 귀신 귀

[11획]

魚 물고기 어	鳥 새 조	鹵 소금밭 로	鹿 사슴 록
麥 보리 맥	麻 삼 마		

[12획]

黃 누를 황	黍 기장 서	黑 검을 흑	黹 바느질할 치

[13획]

黽 맹꽁이 맹	鼎 솥 정	鼓 북 고	鼠 쥐 서

[14획]

鼻 코 비	齊 가지런할 제		

[15획]

齒 이 치			

[16획]

龍 용 룡	龜 거북 귀		

[17획]

龠 피리 약			

[상용부수 100字]

01 一 한 일

가로획 하나의 모양. '하나' 또는 하늘이나 땅 등 기준이 되는 지점을 나타내기도 함.

七(일곱 칠) **上**(위 상) **不**(아닐 불)

02 乙 굽을 을

봄에 싹이 굽혀 나오는 모양을 본뜬 글자. 일반적으로 '굽다'의 의미를 나타냄.

九(아홉 구) **也**(어조사 야) **亂**(어지러울 난)

03 人 亻 사람 인

손을 뻗고 서 있는 사람의 옆모습을 본뜬 글자.

仁(어질 인) **伐**(칠 벌) **休**(쉴 휴)

04 儿 어진사람 인

걸어가는 사람의 다리 모양을 본뜬 글자. 글자의 아래 부분(발)에 쓰임.

兄(맏 형) **先**(먼저 선) **光**(빛 광)

05 冂 멀 경

멀리 나있는 길과 경계가 닿은 모양을 본뜬 글자. '멀다'의 의미.

冊(책 책) **再**(두 재) **冒**(무릅쓸 모)

06 刀 칼 도

칼의 모양을 본뜬 글자.

分(나눌 분) **初**(처음 초) **刻**(새길 각)

07 **力** 힘 력

팔의 근육 또는 쟁기의 모양을 본뜬 글자. '힘', '힘쓰다'의 의미.

功(공 공) **勇**(날랠 용) **努**(힘쓸 노)

08 **十** 열 십

가로획과 세로획을 교차시켜 열을 나타냄.

千(일천 천) **升**(되 승) **協**(화할 협)

09 **卩 㔾** 병부 절

둘로 쪼갠 병부(兵符)의 모양. 또는 무릎 꿇은 사람의 모양을 본뜬 글자.

危(위태할 위) **却**(물리칠 각) **卵**(알 란)

10 **厂** 언덕 한

밑에 사람이 살 수 있도록 끝이 튀어나온 언덕의 모양을 본뜬 글자. '가리다, 덮어 숨기다'의 의미를 나타냄.

厄(재앙 액) **厚**(두터울 후) **原**(근원 원)

11 **又** 또 우

오른손의 모양을 본뜬 글자. 오른손은 자주 쓰이니 '또'란 의미로도 쓰임.

及(미칠 급) **友**(벗 우) **反**(되돌릴 반)

12 **口** 입 구

사람의 입 모양을 본 뜬 글자. '말, 소리, 먹는 것, 출입구, 물건, 터'를 의미함.

含(머금을 함) **味**(맛 미) **呑**(삼킬 탄)

13 **囗** 에울 위

사방을 둘러싼 담의 모양을 본뜬 글자. '에워싸다, 구역'의 의미.

困(괴로울 곤) **圍**(둘레 위) **國**(나라 국)

14 **土** 흙 토

땅 위에 흙 한 무더기가 놓여있는 모양을 본뜬 글자. '흙, 지방, 대지'의 의미를 나타냄.

在(있을 재) **堂**(집 당) **執**(잡을 집)

15 **士** 선비 사

수컷의 생식기 모양을 본뜬 글자로 남자의 미칭으로 쓰임.

壯(씩씩할 장) **壹**(한 일) **壽**(목숨 수)

16 **大** 클 대

두 다리를 쭉 뻗고 양팔 벌리고 선 사람의 모습을 본뜬 글자. '크다, 위대하다'의 의미.

天(하늘 천) **夫**(지아비 부) **失**(잃을 실)

17 **女** 계집 녀

두 손을 얌전히 모으고 무릎을 꿇고 다소곳이 앉아 있는 여자의 모습을 본뜬 글자.

婦(며느리 부) **奴**(종 노) **妃**(왕비 비)

18 **子** 아들 자

강보에 싸인 아기의 모습을 본뜬 글자. '아들, 아이'의 의미.

孝(효도 효) **孟**(맏 맹) **孫**(손자 손)

19 **宀** 집 면

지붕이 덮여 있는 집의 모양을 본뜬 글자. '건축물'과 관련됨.

家(집 가) **安**(편안할 안) **宗**(마루 종)

20 **寸** 마디 촌

손목에서 맥박이 뛰는 곳까지의 거리(약 3cm)를 나타냄. '마디'의 의미로 쓰임.

寺(절 사) **將**(장차 장) **專**(오로지 전)

21 **尸** 주검 시

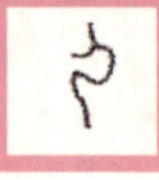

곧게 누워 있는 사람의 모양으로 '주검'을 가리킴. '신체부위'나 '가옥'과 관련된 글자에 쓰임.

尺(자 척) **尾**(꼬리 미) **居**(있을 거)

22 **山** 뫼 산

우뚝 솟은 산봉우리의 모양을 본뜬 글자. '산'과 관련된 글자에 쓰임.

岸(언덕 안) **島**(섬 도) **峰**(봉우리 봉)

23 **川 巛** 내 천

골짜기 사이로 흐르는 물의 모양을 본뜬 글자.

州(고을 주) **巡**(돌 순) **巢**(집 소)

24 **工** 장인 공

작업할 때 쓰는 자의 모양을 본뜬 글자. '연장, 도구'의 의미로 쓰임.

左(왼 좌) **巧**(공교할 교) **巨**(클 거)

25 **己** 몸 기

허리를 굽힌 사람의 몸 모양을 본뜬 글자. '몸' 또는 '자기'를 나타냄.

已(이미 이) **巳**(뱀 사) **港**(항구 항)

26 **巾** 수건 건

허리에 차는 천의 모양을 본뜬 글자. '행주, 수건'을 뜻함.

布(베 포) **帳**(휘장 장) **幕**(장막 막)

27 **干** 방패 간

상대의 무기를 막는 데 쓰는 끝이 갈라진 막대기의 모양을 본뜬 글자.

平(평평할 평) **年**(해 년) **幸**(다행 행)

28 广 집 엄

언덕이나 바위를 지붕 삼아 지은 바위 집 모양을 본뜬 글자.

序(차례 서) **店**(가게 점) **庭**(뜰 정)

29 廴 길게걸을 인

다리를 끌며 길게 걷는 모양을 본뜬 글자

延(늘일 연) **廷**(조정 정) **建**(세울 건)

30 弓 활 궁

활의 모양을 본뜬 글자. 활과 관련된 부속물이나 동작을 나타내는 글자에 쓰임.

弔(조상할 조) **引**(끌 인) **弟**(아우 제)

31 彡 터럭 삼

머리털이 가지런한 모양을 본뜬 글자. '모양, 무늬, 꾸밈'과 관련됨.

形(형상 형) **彩**(무늬 채) **影**(그림자 영)

32 彳 걸을 척

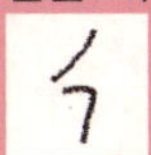

넓적다리, 정강이, 발의 모양으로 걷는 동작을 의미함. '행위, 일, 움직임'과 관련됨.

往(갈 왕) **征**(칠 정) **得**(얻을 득)

33 心 忄 㣺 마음 심

사람의 심장 모양을 본뜬 글자.

忘(잊을 망) **忙**(바쁠 망) **恭**(공손할 공)

34 戈 창 과

끝부분에 갈고리 모양의 칼날이 있는 손잡이가 긴 창의 모양을 본뜬 글자. '무기, 전쟁' 등과 관련됨.

戊(다섯째천간 무) **成**(이룰 성) **我**(나 아)

35 **手** 손 수

다섯 손가락을 편 모양을 본뜬 글자. 손의 각 부위나 손과 관련된 '동작, 행위'를 나타내는 글자에 쓰임.

才(재주 재) **承**(받들 승) **掌**(손바닥 장)

36 **攴 攵** 칠 복

손에 나뭇가지를 들고 있는 모양을 본뜬 글자. '때리다, 치다, 억지로 하다'의 의미로 쓰임.

攻(칠 공) **教**(가르칠 교) **敬**(공경할 경)

37 **斤** 도끼 근

도끼의 모양을 본뜬 글자. '도끼, 자르다, 베다' 등의 의미로 활용됨.

斥(물리칠 척) **新**(새 신) **斷**(끊을 단)

38 **方** 모 방

쟁기나 배의 상앗대 모양을 본뜬 글자. '깃발, 모, 사방'의 의미로 쓰임.

旅(군사 려) **旗**(기 기) **族**(겨레 족)

39 **日** 날 일

해의 모양을 본뜬 글자. '해, 명암, 시간, 날씨'와 관련됨.

旦(아침 단) **明**(밝을 명) **晩**(저물 만)

40 **曰** 가로 왈

'口'에 입에서 나오는 말을 상징하는 부호 '-'을 더하여 '말하다'의 뜻이 생김.

曲(굽을 곡) **更**(고칠 경) **書**(쓸 서)

41 **月** 달 월

반달의 모양을 본뜬 글자. '달, 시간'과 관련됨.

有(있을 유) **服**(옷 복) **望**(바랄 망)

42 **木** 나무 목

서 있는 나무의 모양을 본뜬 글자. '나무의 종류, 상태, 나무로 만든 물건'과 관련됨.

本(근본 본) **末**(끝 말) **枯**(마를 고)

43 **欠** 하품 흠

하품하고 있는 모양을 본뜬 글자. '입에서 나오는 행위, 소리' 등과 관련됨.

次(버금 차) **欺**(속일 기) **歌**(노래 가)

44 **歹 歺** 앙상한뼈 알

뼈만 앙상하게 남은 모양을 본뜬 글자. '죽음'과 관련됨.

死(죽을 사) **殃**(재앙 앙) **殆**(위태로울 태)

45 **氏** 성 씨

나무뿌리의 모양을 본뜬 글자.

民(백성 민) **氐**(근본 저)

46 **水 氵 氺** 물 수

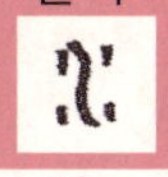

물결이 반짝이며 흐르는 모양을 본뜬 글자. '물, 강의 이름'과 관련됨.

泉(샘 천) **泰**(클 태) **洋**(바다 양)

47 **火 灬** 불 화

타오르는 불의 모양을 본뜬 글자. '불의 성질, 상태'와 관련됨.

灰(재 회) **烏**(까마귀 오) **無**(없을 무)

48 **爪 爫** 손톱 조

무언가를 집으려는 손가락의 모양을 본뜬 글자. '손과 관련된 동작'을 나타냄.

爭(다툴 쟁) **爲**(할 위) **爵**(벼슬 작)

49 牛 牜 소 우

소의 머리, 어깨, 몸을 정면에서 본 모양을 본뜬 글자. '소의 종류, 사육'과 관련됨.

牧(칠 목) **物**(만물 물) **特**(특별할 특)

50 犬 犭 개 견

개의 옆 모양을 본뜬 글자. 짐승의 '이름'이나 '짐승'과 관련된 한자에 쓰임.

犯(범할 범) **狗**(개 구) **獸**(짐승 수)

51 玉 구슬 옥

구슬 세 개를 끈으로 꿰어 놓은 모양을 본뜬 글자. 부수로 쓰일 때는 '王'자로 쓰는데 이는 '玉'의 변형임.

王(임금 왕) **珍**(보배 진) **班**(나눌 반)

52 田 밭 전

가로와 세로로 구획된 밭의 모양을 본뜬 글자. '농지, 경작, 사냥'의 의미로 쓰임.

甲(첫째천간 갑) **畜**(쌓을 축) **男**(사내 남)

53 疒 병질 녁

병든 사람이 어떤 물건에 기대고 있는 모양을 본뜬 글자. '병'이나 그로 인한 상태를 나타내는 데 쓰임.

疫(염병 역) **疾**(병 질) **病**(병 병)

54 皿 그릇 명

물건을 담는 그릇의 모양을 본뜬 글자.

益(더할 익) **盛**(담을 성) **盤**(소반 반)

55 目 罒 눈 목

눈의 모양을 본뜬 글자.

眉(눈썹 미) **看**(볼 간) **眼**(눈 안)

56 **矢** 화살 시

화살의 모양을 본뜬 글자.

知(알 지) **短**(짧을 단) **矯**(바로잡을 교)

57 **示 礻** 보일 시

제물을 올려놓는 제단의 모양을 본뜬 글자.

社(토지신 사) **祖**(조상 조) **祭**(제사 제)

58 **禸** 발자국 유

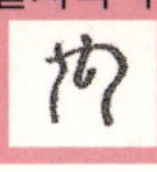

땅에 남은 짐승 발자국 모양을 본뜬 글자.

禽(날짐승 금) **离**(떠날 리)

59 **禾** 벼 화

이삭이 드리워진 벼의 모양을 본뜬 글자.

秀(빼어날 수) **秋**(가을 추) **租**(구실 조)

60 **穴** 구멍 혈

움집에 통기 구멍이 있는 것을 본뜬 글자.

究(궁구할 구) **空**(빌 공) **突**(갑자기 돌)

61 **立** 설 립

땅 위에 사람이 서 있는 모양을 본뜬 글자.

竝(아우를 병) **竟**(다할 경) **章**(글 장)

62 **竹** 대 죽

대나무의 줄기와 잎 모양을 본뜬 글자.

筆(붓 필) **算**(셈할 산) **簡**(편지 간)

63 **米** 쌀 미

벼나 기장 등의 이삭에 붙어있는 낟알의 모양을 본뜬 글자.

粉(가루 분) **粟**(조 속) **精**(자세할 정)

64 **糸 糸 纟** 실 사

감아놓은 실타래의 모양을 본뜬 글자.

組(끈 조) **紅**(붉을 홍) **紡**(길쌈 방)

65 **羊** 양 양

뿔 달린 양의 머리 모양을 본뜬 글자.

美(아름다울 미) **義**(옳을 의) **群**(무리 군)

66 **羽** 깃 우

새의 두 날개 모양을 본뜬 글자.

翁(늙은이 옹) **習**(익힐 습) **翼**(날개 익)

67 **老 耂** 늙을 로

머리 긴 노인이 구부려 지팡이를 짚고 있는 모양을 본뜬 글자.

考(상고할 고) **者**(놈 자)

68 **耳** 귀 이

한쪽 귀의 모양을 본뜬 글자.

聖(성스러울 성) **聞**(들을 문) **職**(벼슬 직)

69 **肉 月** 고기 육

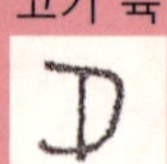

정연하게 잘린 고기의 모양을 본뜬 글자. 신체와 관련된 한자에서 볼 수 있음.

肝(간 간) **肺**(허파 폐) **腐**(썩을 부)

70 **臼** 절구 구

곡물을 찧는 절구 모양을 본뜬 글자.

舂(찧을 용) **臿**(가래 삽) **舅**(시아비 구)

71 **艸 艹 ⺿** 풀 초

풀이 여기저기 돋아난 모양을 본뜬 글자.

花(꽃 화) **苦**(쓸 고) **草**(풀 초)

72 **虍** 범 호

호랑이의 얼굴이나 호피의 무늬를 본뜬 글자.

虎(범 호) **虛**(빌 허) **處**(살 처)

73 **虫** 벌레 훼

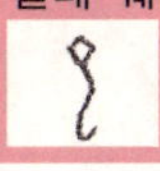

본래 뱀의 모양을 본뜬 글자이나 지금은 주로 '벌레'를 가리키는 글자로 쓰임.

蛇(뱀 사) **蜂**(벌 봉) **蟲**(벌레 충)

74 **行** 갈 행

사람들이 많이 다니는 거리 모양을 본뜬 글자.

術(꾀 술) **街**(거리 가) **衝**(찌를 충)

75 **衣 衤** 옷 의

웃옷의 고대와 앞섶의 모양을 본뜬 글자.

表(겉 표) **被**(입을 피) **裳**(치마 상)

76 **見** 볼 견

目과 儿으로 이루어진 글자. 사람이 눈으로 '본다'는 뜻을 나타냄.

視(볼 시) **親**(친할 친) **觀**(볼 관)

77 **角**
뿔 각

무늬 있는 뾰족한 뿔 모양을 본뜬 글자.

解(풀 해) **觸**(닿을 촉)

78 **言**
말씀 언

생각을 입으로 나타낸다는 뜻. '말, 말하다'의 의미로 쓰임.

訓(가르칠 훈) **談**(말씀 담) **論**(말할 론)

79 **豕**
돼지 시
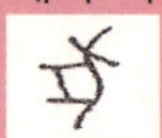

돼지 모양을 본뜬 글자.

豚(돼지 돈) **象**(코끼리 상) **豪**(호걸 호)

80 **貝**
조개 패

조개 모양을 본뜬 글자. 옛날에는 조개를 화폐 대용으로 사용하여 '재물'과 관련 있는 글자에 쓰임.

財(재물 재) **貧**(가난할 빈) **貨**(재화 화)

81 **走**
달릴 주

夭와 止로 이루어진 글자. 사람이 몸을 굽혀 걷는 모양으로 '급히 가는 것'을 가리킴.

起(일어날 기) **超**(뛰어넘을 초) **越**(넘을 월)

82 **足**
발 족

발을 가리키는 '止'자에 정강이를 가리키는 '口'가 더해진 글자. '발'을 뜻함.

距(떨어질 거) **路**(길 로) **踏**(밟을 답)

83 **車**
수레 거
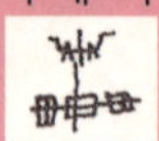

수레의 몸체와 바퀴 모양을 본뜬 글자.

軍(군사 군) **較**(견줄 교) **載**(실을 재)

84 **辛** 매울 신

형틀의 모양을 본뜬 글자. '죄수, 노예'를 가리켰는데 후에 '맵다'란 뜻으로 발전됨.

辨(분별할 변) **辭**(말씀 사) **辯**(말 잘할 변)

85 **辰** 조개 신

조개가 입을 벌리고 있는 모양을 본뜬 글자. 조개껍데기가 농기구로 활용되어 농사와 관련된 글자에도 쓰임.

辱(욕되게 할 욕) **農**(농사 농)

86 **辵 辶** 쉬엄쉬엄갈 착

쉬엄쉬엄 가다는 의미. 일반적으로 걷는 활동과 관련이 있음.

近(가까울 근) **逃**(달아날 도) **速**(빠를 속)

87 **邑 阝** 고을 읍

口와 巴로 이루어진 글자. 사람이 모여 사는 일정한 구역, 즉 '고을'을 뜻함.

邦(나라 방) **郊**(성 밖 교) **郡**(고을 군)

88 **酉** 닭 유

술단지 모양을 본뜬 글자인데, 후에 가차되어 지지의 '닭'을 가리킴.

酒(술 주) **酬**(갚을 수) **醉**(취할 취)

89 **金** 쇠 금

今과 土, 반짝이는 모양을 상징하는 八로 이루어진 글자.

針(바늘 침) **銅**(구리 동) **鍊**(쇠불릴 련)

90 **門** 문 문

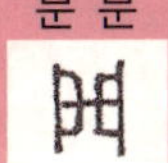

양쪽 문짝이 닫혀 있는 모양을 본뜬 글자.

閃(번쩍일 섬) **閉**(닫을 폐) **閑**(한가할 한)

91

阜 阝
언덕 부

언덕의 모양을 본뜬 글자.

防(둑 방) **陣**(진칠 진) **降**(내릴 강)

92

隹
새 추

꼬리가 짧은 새를 본뜬 글자. '鳥'는 꼬리가 긴 새를 본뜸.

集(모일 집) **雌**(암컷 자) **雄**(수컷 웅)

93

雨
비 우

하늘에 구름이 드리워 빗방울이 떨어지는 모양을 본뜬 글자.

雪(눈 설) **雲**(구름 운) **雷**(우뢰 뢰)

94

頁
머리 혈

사람의 이마, 얼굴, 목의 모양을 본뜬 글자.

頂(정수리 정) **項**(목 항) **領**(거느릴 령)

95

食 飠
먹을 식

亼과 皀으로 이루어진 글자로 곡물이 모였다 하여 '밥'을 의미함.

飮(마실 음) **飯**(밥 반) **餘**(남을 여)

96

馬
말 마

말의 모양을 본뜬 글자.

騎(말탈 기) **驗**(증험할 험) **驛**(역참 역)

97

骨
뼈 골

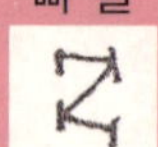

冎와 肉(⺼)으로 이루어진 글자. '살 속의 뼈'를 가리킴.

體(몸 체) **髓**(골수 수)

98 鬼 귀신 귀

머리에 가면을 쓴 흉측한 모습으로 사사로이 사람을 해치는 '귀신'을 가리킴.

魂(넋 혼) **魄**(넋 백)

99 鳥 새 조

새의 모양을 본뜬 글자.

鳴(울 명) **鳳**(봉새 봉) **鴻**(큰 기러기 홍)

100 黑 검을 흑

문신이 새겨진 사람의 얼굴을 표현한 글자. 옛날 죄인이나 포로를 잡아 그 얼굴에 검은 먹물로 문신을 새겨 노예로 삼음.

默(묵묵할 묵) **點**(점 점) **黨**(무리 당)

기초편

001 暇 (日 13획) 겨를 가 暇 暇 暇 暇

字解 日은 표의성분, 叚는 표음성분. '겨를, 틈'.

閑暇 餘暇 休暇

關 假[4] 瑕[3] 蝦[1] 霞[1] 遐[1]

002 刻 (刀 08획) 새길 각 刻 刻 刻 刻

字解 刀는 표의성분, 亥는 표음성분. '새기다, 각박하다, 시각'.

木刻 刻薄 一刻

關 該[3] 骸[1] 駭[1] 咳[1] 核[4]

成 刻舟求劍

003 覺 (見 20획) 깨달을 각 覺 覺 覺 覺

字解 見은 표의성분, 學(생략형)은 표음 성분. '깨닫다, 나타나다'.

覺醒 錯覺 感覺

關 學[8]

略 覚

004 干 (干 03획) 방패 간 干 干 干 干

字解 방패나 끝이 갈라진 사냥 도구의 모양. '방패, 막다, 간여하다, 천간, 말리다'.

干涉　　干拓　　干滿

關 刊[3]　　幹[3]　　肝[3]　　竿[1]　　汗[3]
旱[3]　　奸[1]　　悍[1]

類 盾

反 矛 , 戈 , 支

成 干城之材

005 看 (目 09획) 볼 간 看 看 看 看

字解 手 · 目 모두 표의성분. '보다, 지키다'.

看過　　看板　　看破

成 走馬看山

006 簡 (竹 18획) 대쪽 간 簡 簡 簡 簡

字解 竹은 표의성분, 間은 표음성분. '대나무 조각, 가리다, 단출하다'.

簡單　　簡略　　木簡

關 間[7]　　癇[1]　　澗[1]

007 甘 (甘 05획) 달 감

甘 甘 甘 甘

字解 口와 음식물을 가리키는 一로 이루어짐. 입에 음식물을 머금고 있는 모양. '음식이 맛있다, 달다'.

甘草　甘受　甘露水

關 柑[1]　疳[1]　紺[1]　甚[3]　邯[2]

反 苦

成 甘呑苦吐

008 敢 (攴 12획) 감히 감

敢 敢 敢 敢

字解 자형이 많이 변해 현 자형으로 자원을 찾기 어려움. 爪 · 又는 표의성분, 甘은 표음성분. 두 손이 다투는 모습.

勇敢　敢鬪　敢行

關 瞰[1]　嚴[4]　巖[3]

成 焉敢生心

009 甲 (田 05획) 갑옷 갑

甲 甲 甲 甲

字解 초목의 싹이 껍질을 뚫고 돋아나는 모양. '껍데기, 첫째'.

甲骨　甲富　回甲

關 匣[1]　閘[1]　鴨[2]　押[3]　岬[2]
鉀[2]

成 甲男乙女

010 降 (⻖ 09획) 내릴 강, 항복할 항 降 降 降 降

字解 ⻖ · 止 · 止 모두 표의성분. 산비탈 (阜)을 내려오는 두 발자국의 모양. '내리다, 항복하다'.

下降 昇降機 降伏

反 陟

011 更 (日 07획) 고칠 경, 다시 갱 更 更 更 更

字解 攴은 표의성분, 丙은 표음성분. '때려서 잘못을 바로잡는다'.

變更 更新 更年期

關 硬[3] 梗[1] 便[7] 鞭[1]

成 自力更生

012 巨 (工 05획) 클 거 巨 巨 巨 巨

字解 工과 손잡이를 나타내는 부호로 이루어짐. 손잡이가 있는 큰 자의 모습. '크다'.

巨人 巨匠 巨創

關 拒[4] 距[3] 渠[1] 矩[1]

類 大

成 巨家大族

013 拒 (扌 08획) 막을 거

拒 拒 拒 拒

字解 手는 표의성분, 巨는 표음성분.

拒絶 抗拒 拒否

類 絶

成 螳螂拒轍

014 居 (尸 08획) 살 거

居 居 居 居

字解 尸는 표의 성분, 古는 표음성분. '쪼그려 앉다'.

隱居 居住 居處

關 古[6] 姑[3] 苦[6] 辜[1] 固[5]
痼[1] 錮[1] 枯[3] 倨[1]

成 居安思危

015 據 (扌 16획) 근거 거

據 據 據 據

字解 手는 표의성분, 豦는 표음성분.

據點 證據 占據

關 豦* 劇[4] 遽* 醵[1]

略 拠

成 群雄割據

016 傑 (亻 12획) 뛰어날 걸 傑 傑 傑 傑

字解 人은 표의성분, 桀은 표음성분.

女傑　　傑作　　傑出

略 杰

成 英雄豪傑

017 儉 (亻 15획) 검소할 검 儉 儉 儉 儉

字解 亻는 표의성분, 僉은 표음성분.

儉素　　儉約　　儉朴

關 僉[1]　　劍[3]　　檢[4]　　險[4]　　驗[4]

略 倹

成 讀書勤儉起家之本

018 激 (氵 16획) 격할 격 激 激 激 激

字解 水는 표의성분, 敫는 표음성분. '부딪치다, 빠르다, 과격하다'.

急激　　激烈　　激勵

關 檄[1]　　邀[1]

成 自激之心

019 擊 (扌 17획) 칠 격 擊 擊 擊 擊

字解 毄(격) · 手 모두 표의성분. '손에 무기를 들고 치다.' 毄은 軎 · 殳 모두 표의성분이며, '치다'의 뜻.

擊破 衝擊 攻擊

類 攻

成 鼓腹擊壤

020 犬 (犬 04획) 개 견 犬 犬 犬 犬

字解 '꼬리가 올라간 개'의 모습.

犬馬 軍犬 忠犬

關 吠* 猷* 扰*

類 狗

成 犬猿之間

021 堅 (土 11획) 굳을 견 堅 堅 堅 堅

字解 臤 · 土 모두 표의성분. '땅이 굳다'.

堅固 堅持 中堅

關 緊[3] 豎[1] 賢[4]

類 固

成 堅甲利兵

022 傾 (亻 13획) 기울 경 傾 傾 傾 傾

字解 人과 頃 모두 표의성분.

傾斜 傾向 傾聽

關 頃[3]

成 傾國之色

023 驚 (馬 23획) 놀랄 경 驚 驚 驚 驚

字解 敬은 표음성분, 馬는 표의성분. '말이 놀라다'.

驚蟄 驚愕 驚異

關 敬[5] 警[4] 儆[2]

成 驚天動地

024 鏡 (金 19획) 거울 경 鏡 鏡 鏡 鏡

字解 金은 표의성분, 竟은 표음성분.

眼鏡 顯微鏡 望遠鏡

關 竟[3] 境[4]

成 鏡中美人

025 戒 (戈 07획) 경계할 계　戒 戒 戒 戒

字解 戈 · 廾 모두 표의성분. 두 손에 창을 든 모습.

訓戒　警戒　懲戒

關 械[3]　誡[*]

類 戎

成 一罰百戒

026 系 (糸 07획) 이을 계　系 系 系 系

字解 ノ(爪의 변형) · 糸 모두 표의성분. 손에 끈을 들고 묶다.

系統　系列社　生態系

關 係[4]

027 季 (子 08획) 계절 계　季 季 季 季

字解 禾 · 子 모두 표의성분. '어린 벼'.

冬季　季節　季母

成 季札掛劍 / 季布一諾

028 階 (阝 12획) 섬돌 계　階 階 階 階

字解 阜는 표의성분, 皆는 표음성분.

階段　　階層　　階級

關 皆[3]　　偕[1]　　楷[1]　　諧[1]

類 層

029 鷄 (鳥 21획) 닭 계　鷄 鷄 鷄 鷄

字解 奚는 표음성분, 鳥는 표의성분. '아침을 알리는 새'. 즉 '닭'.

鷄卵　　鷄肋　　養鷄場

關 溪[3]　　奚[3]

略 鸡

成 鷄鳴狗盜

030 繼 (糸 20획) 이을 계　繼 繼 繼 繼

字解 糸는 표의성분, 나머지는 실을 이은 모습으로 표음성분.

繼承　　家繼　　引受引繼

類 續, 承

略 継

031 孤 (子 08획) 외로울 고 孤 孤 孤 孤

字解 子는 표의성분, 瓜는 표음성분. '아버지가 없는 것'.

孤獨 孤兒

關 呱[1] 弧[1] 狐[1]

類 獨

成 鰥寡孤獨

032 庫 (广 10획) 곳집 고 庫 庫 庫 庫

字解 广 · 車 모두 표의성분. '전차를 보관하는 집'.

冷藏庫 倉庫 在庫

關 車[7] 軍[8] 軌[3] 陣[4] 褲[*]

033 穀 (禾 15획) 곡식 곡 穀 穀 穀 穀

字解 禾는 표의성분, 禾를 제외한 자형이 표음성분.

穀食 穀物 五穀

成 穀腹絲身

034 困 (口 07획) 괴로울 곤 困 困 困 困

字解 口·木 모두 표의성분. 나무가 울타리 속에 갇혀 자라지 못하고 난처하게 된 모양.

困境　　疲困　　困辱

關 梱*　　悃*　　涃*　　烟*　　裍*

類 難

成 禽困覆車

035 骨 (骨 10획) 뼈 골 骨 骨 骨 骨

字解 冎(살 발라낸 뼈)·肉 모두 표의성분. '살 속의 뼈'.

骨髓　　露骨的　　骨董品

關 滑[2]　　猾[1]

成 換骨奪胎

036 孔 (子 04획) 구멍 공 孔 孔 孔 孔

字解 子와 머리 위의 한 획으로 이루어짐. 어린 아이의 머리가 아직 완전히 닫혀있지 않았음을 가리킴.

毛孔　　孔子

關 吼[1]

成 骨多孔症

037 管 (竹 14획) 피리 관 管 管 管 管

字解 竹은 표의성분, 官은 표음성분. 대나무로 만든 악기.

管樂器 管轄 保管

關 官[4] 棺[1] 館[3] 琯[2]

成 管鮑之交

038 鑛 (金 23획) 쇳돌 광 鑛 鑛 鑛 鑛

字解 金은 표의성분, 廣은 표음성분.

鑛夫 廢鑛 炭鑛

關 廣[5] 壙[1] 曠[1] 擴[3]

略 鉱

039 構 (木 14획) 얽을 구 構 構 構 構

字解 木은 표의성분, 冓는 표음성분. (집이나 생각 따위를) 얽어 짜다.

構造 構想 構內食堂

關 購[2] 溝[1] 講[4] 再[5]

040 君 (口 07획) 임금 군 君 君 君 君

字解 尹 · 口 모두 표의성분. 손에 방망이를 들고 말하는 모습. '호령하다, 다스리다'.

君臨　　夫君　　檀君

關 郡[6]　　窘[1]　　群[4]

類 主

反 臣

成 君子三樂 / 君臣有義

041 群 (羊 13획) 무리 군 群 群 群 群

字解 君은 표음성분, 羊은 표의성분. '무리, 많다'.

拔群　　群衆　　學群

類 衆

成 群鷄一鶴

042 屈 (尸 08획) 굽을 굴 屈 屈 屈 屈

字解 尸(尾의 생략형)는 표의성분, 出은 표음성분.

屈指　　屈伏　　屈辱

關 掘[2]　　窟[2]

類 曲

成 不撓不屈

043 窮 (穴 15획) 다할 궁 窮 窮 窮 窮

字解 穴은 표의성분, 躬은 표음성분. 겨우 들어갈 수 있는 좁은 동굴.
窮理　　窮乏　　追窮

關 躬[10]

類 極

成 窮餘之策

044 券 (刀 08획) 문서 권 券 券 券 券

字解 𠔉과 刀로 이루어진 글자. 옛날의 계약서. 칼로 새겨 쌍방이 하나씩 갖고 있다 계약의 증표로 삼음.
證券　　債券　　旅券

關 拳[3]　　卷[4]　　眷[1]　　圈[2]　　倦[1]
捲[1]

045 卷 (卩 08획) 책 권 卷 卷 卷 卷

字解 㔾은 표의성분, 나머지는 표음성분. '구부리다'.
席卷　　壓卷　　卷頭言

成 手不釋卷

046 勸 (力 20획) 권할 권

勸 勸 勸 勸

字解 力은 표의성분, 雚은 표음성분. '힘써 권하다'.

勸奬 勸告 勸誘

關 灌[1] 觀[5] 權[4] 歡[4] 驩[1]

類 奬

略 劝

成 勸善懲惡

047 歸 (止 18획) 돌아갈 귀

歸 歸 歸 歸

字解 止·帚는 표의성분, 𠂤는 표음성분. '시집가다'. '돌아가다, 돌아오다'.

歸鄕 歸家 歸還

關 婦[4] 掃[4] 帚*

略 帰

048 均 (土 07획) 고를 균

均 均 均 均

字解 土는 표의성분, 匀은 표의성분이며 표음성분. '흙을 평평하게 고르다'.

均等 均衡 平均

關 匀* 昀* 筠* 鈞* 勺[1]

類 等

049 劇 (刀 15획) 심할 극

劇 劇 劇 劇

字解 豦는 표음성분, 刂는 표의성분.

劇藥 劇場 演劇

關 據[4] 遽[*] 醵[1]

050 筋 (竹 12획) 힘줄 근

筋 筋 筋 筋

字解 竹·月·力 모두 표의성분. 肉과 力을 합하여 '살의 힘, 즉 힘줄'.

筋肉 鐵筋 筋骨

關 肋[1]

051 勤 (力 13획) 부지런할 근

勤 勤 勤 勤

字解 堇은 표음성분, 力은 표의성분. '힘쓰다'.

勤勉 缺勤 勤務

關 僅[3] 槿[2] 瑾[2] 覲[1] 饉[1]
漢[7] 歎[4] 艱[1] 難[4] 歎[4]

成 勤儉節約

052 紀 (糸 09획) 벼리 기 紀 紀 紀 紀

字解 糸는 표의성분, 己는 표음성분. 그물 위 코를 꿰어 잡아당기는 줄, 즉 벼리. '해, 실마리, 법, 적다'.

紀綱 紀元 紀念

關 己[5] 忌[3] 杞[1] 記[7] 起[4]

成 立石紀功

053 奇 (大 08획) 기이할 기 奇 奇 奇 奇

字解 大는 표의성분, 可는 표음성분. 한 다리로 선 모습. '기이하다, 갑자기, 홀수'.

奇跡 神奇 奇襲

關 寄[4] 崎[1] 騎[3] 畸[1] 綺[1] 椅[1]

成 奇想天外

054 寄 (宀 11획) 부칠 기 寄 寄 寄 寄

字解 宀은 표의성분, 奇는 표음성분. 집에 몸을 의지하다.

寄託 寄附 寄與

成 寄與補裨

055 機 (木 16획) 틀 기 　機 機 機 機

字解 木은 표의성분, 幾는 표음성분. 나무로 만든 기관.
機械 機關 危機

關 幾[3] 機[4] 畿[3] 譏[1]

成 斷機之戒

056 納 (糸 10획) 바칠 납 　納 納 納 納

字解 糸는 표의성분, 內는 표음성분. 실에 습기가 젖어들다. '바치다, 받다'.
納得 納稅 納付

關 內[7] 衲[1] 訥[1]

成 瓜田不納履

057 段 (殳 09획) 구분 단 　段 段 段 段

字解 왼쪽은 언덕에서 돌 조각이 떨어지는 모습, 오른쪽은 손에 막대기를 들고 때리는 것. '부서져 떨어지는 조각'.
段落 手段 段階

關 緞[1] 鍛[2]

058 徒 (彳 10획) 무리 도 徒 徒 徒 徒

字解 彳은 표의성분, 土는 표음성분. '걷다, 무리, 맨손, 헛되다'.

徒步 信徒 無爲徒食

關 走[4] 徙[1]

成 徒勞無功

059 逃 (辶 10획) 달아날 도 逃 逃 逃 逃

字解 辵은 표의성분, 兆는 표음성분. '달아나다'.

逃避 逃亡 逃走

關 兆[3] 桃[3] 挑[3] 跳[3] 眺[1]

成 夜半逃走

060 盜 (皿 12획) 훔칠 도 盜 盜 盜 盜

字解 그릇에 욕심을 내어 입을 벌리고 침을 흘리는 모습.

盜難 盜聽 盜賊

成 掩耳盜鈴

061 卯 (卩 07획) 알 란

卯 卯 卯 卯

字解 물고기의 알을 그린 상형자. '알'.

鷄卵　　産卵　　受精卵

成 累卵之勢

062 亂 (乙 13획) 어지러울 란

亂 亂 亂 亂

字解 왼쪽은 한 손으로는 실을 감고 한 손으로는 실을 푸는 모습, 乙은 '다스리다'의 뜻. '다스려지다'. 다스림이 필요한 상태는 어지러운 상태이므로 '어지럽다'의 뜻으로 인신됨.

混亂　　搖亂　　亂離

反 治

略 乱

成 一絲不亂

063 覽 (見 21획) 볼 람

覽 覽 覽 覽

字解 見은 표의성분, 監은 표의성분이며 표음성분.

閱覽　　觀覽　　遊覽

關 監[4]　　鑑[3]　　濫[*]　　藍[2]　　籃[1]
檻[1]　　艦[2]

成 博覽强記

064 略 (田 11획) 다스릴 략

略 略 略 略

字解 田은 표의성분, 各은 표음성분. '토지를 구획하다'. '꾀, 다스리다, 줄이다'.

戰略 侵略 簡略

關 各[6] 格[5] 烙[1] 絡[3] 落[5]
酪[1] 駱[1] 洛[2] 客[5] 額[4]

成 中傷謀略

065 糧 (米 18획) 양식 량

糧 糧 糧 糧

字解 米는 표의성분, 量은 표음성분.

糧食 糧穀 軍糧米

關 量[5]

066 慮 (心 15획) 생각할 려

慮 慮 慮 慮

字解 思는 표의성분, 虍는 표음성분.

考慮 憂慮 配慮

關 濾[1] 盧[1] 廬[2] 爐[3] 蘆[2]
擄[1] 虜[1]

成 千慮一失

067 烈 (灬 10획) 세찰 렬

烈 烈 烈 烈

字解 火는 표의성분, 列은 표음성분. '불이 세차게 타다'.

猛烈 强烈 烈士

關 列[4] 裂[3] 例[6]

068 龍 (龍 16획) 용 룡

龍 龍 龍 龍

字解 용의 모습. 왼쪽은 용의 입과 뿔, 오른쪽은 용이 나는 모습.

龍門 龍王 龍顔

關 瓏[1] 朧[*] 籠[2] 聾[1]

成 龍虎相搏

069 柳 (木 09획) 버들 류

柳 柳 柳 柳

字解 木은 표의성분, 卯는 표음성분.

美柳 花柳 梧柳洞.

關 卯[3] 留[4] 劉[2]

成 路柳墻花

070 輪 (車 15획) 바퀴 륜

輪 輪 輪 輪

字解 車는 표의성분, 侖은 표음성분.

前輪　　年輪　　輪回(輪廻)

關 論[4]　　倫[3]　　淪[1]　　綸[1]

成 前輪驅動

071 離 (隹 19획) 떠날 리

離 離 離 離

字解 隹는 표의성분, 离는 표음성분. '떠나다, 떼어놓다, 떨어지다'.

離別　　離叛　　乖離

關 璃[*]　　籬[1]

類 別

反 合

成 會者定離

072 妹 (女 08획) 손아래누이 매

妹 妹 妹 妹

字解 女는 표의성분, 未는 표음성분. '누이동생'.

妹弟　　妹夫　　姉妹

關 未[4]　　味[4]　　昧[1]

成 姉妹結緣

073 勉 (力 09획) 힘쓸 면　勉 勉 勉 勉

字解 力은 표의성분, 免은 표음성분. '권하다, 힘쓰도록 격려하다'.

勤勉　勉學　勸勉

關 免[3]　晩[3]

成 刻苦勉勵

074 鳴 (鳥 14획) 울 명　鳴 鳴 鳴 鳴

字解 鳥는 여기서는 수탉, 口는 입. 수탉이 때를 알림.

自鳴鐘　悲鳴　共鳴

關 鳥[4]　鷄[4]　鳳[3]

成 鷄鳴狗盜

075 模 (木 15획) 법 모　模 模 模 模

字解 木은 표의성분, 莫은 표음성분. '거푸집, 본보기, 모범, 본뜨다'.

模範　模造紙　模作

關 莫[3]　漠[3]　寞[1]　膜[1]　模[4]

莫[3]　慕[3]　募[3]　暮[3]　摸[1]

成 曖昧模糊

076 妙 (女 07획) 묘할 묘 妙 妙 妙 妙

字解 女, 少는 표의성분. '묘하다, 젊다'.

妙技 妙齡 絶妙

關 抄3 劣3 沙3 少7

類 巧

成 妙技百出

077 墓 (土 14획) 무덤 묘 墓 墓 墓 墓

字解 土는 표의성분, 莫은 표음성분. '무덤, 묘지, 장사지내다'

墓碑 省墓 墳墓

成 國立墓地

078 舞 (舛 14획) 춤출 무 舞 舞 舞 舞

字解 舛은 표의성분, 無는 표음성분.

舞臺 舞踊 舞姬

關 無5 蕪1 撫1

成 長袖善舞

079 拍 (扌 08획) 칠 박 拍 拍 拍 拍

字解 手는 표의성분, 白은 표음성분. '치다, 박자'.

拍子 拍手 拍車

關 碧3 白8 伯3 迫3 百7

成 拍掌大笑

080 髮 (髟 15획) 터럭 발 髮 髮 髮 髮

字解 髟는 표의성분, 犮은 표음성분. '터럭, 머리털'.

理髮 假髮 間髮

關 拔3

類 毛

成 危機一髮

081 妨 (女 07획) 방해할 방 妨 妨 妨 妨

字解 女는 표의성분, 方은 표음성분. '방해하다, 헤살을 놓다, 거리끼다'.

妨害 無妨

關 放6 倣3 防4

成 妨訴抗辯

082 犯 (犭 05획) 범할 범 犯 犯 犯 犯

字解 犭은 표의성분, 㔾은 표음성분. '범하다, 죄, 죄인'.

犯罪 侵犯 犯人

關 節[5] 範[4]

類 侵

成 衆怒難犯

083 範 (竹 15획) 법 범 範 範 範 範

字解 車는 표의성분, 笵은 표음성분. '법, 본보기, 한계, 구획'.

模範 規範 範疇

關 范[2]

類 典 , 規 , 模

成 率先垂範

084 辯 (辛 21획) 말씀 변 辯 辯 辯 辯

字解 言은 표의성분, 辡은 표의성분이면서 표음성분. '말, 말 잘하다, 말다툼하다'.

辯論 代辯 辯士

成 高談雄辯

085 普 (日 12획) 넓을 보

普 普 普 普

字解 日은 표의성분, 並은 표음성분. '빛이 널리 퍼지다'. '두루, 보편'.

普及 普通 普遍

關 譜[3]

成 普天率土

086 伏 (亻 06획) 엎드릴 복

伏 伏 伏 伏

字解 人은 표의성분, 犬은 표의성분. 개(犬)가 사람(人) 옆에 엎드리고 있는 모양. '엎드리다, 숨다'.

伏兵 伏線 屈伏

反 起

成 伏地不動 / 哀乞伏乞

087 複 (衤 14획) 겹칠 복

複 複 複 複

字解 衣는 표의성분, 复은 표음성분. '겹옷, 겹치다'.

複寫 複雜 複製

關 腹[3] 復[4]

反 單

成 複雜多端

088 否 (口 07획) 아닐 부/막힐 비 否 否 否 否

字解 口는 표의성분, 不는 표음성분. '아니다, 막히다'.

否決　與否　拒否

反 可

成 曰可曰否

089 負 (貝 09획) 질 부 負 負 負 負

字解 人과 貝는 모두 표의성분. '짊어지다, 입다, 지다'.

負擔　負債　負傷

反 勝

成 負荊請罪

090 粉 (米 10획) 가루 분 粉 粉 粉 粉

字解 米는 표의성분, 分은 표음성분. '가루, 빻다, 단장하다'.

粉末　粉乳　粉塵

關 盆[1]　忿[1]　頒[1]

成 粉骨碎身

091 憤 (忄 15획) 분할 분 憤 憤 憤 憤

字解 心은 표의성분, 賁은 표음성분. '분하다, 성내다'.
憤怒 憤敗 激憤

關 墳[3] 噴[1]

類 慨

成 憤氣衝天

092 批 (扌 07획) 칠 비 批 批 批 批

字解 手는 표의성분, 比는 표음성분. '치다, 비답하다, 품평하다'.
批判 批評 批准

關 妣[1] 比[5]

類 評

成 文藝批評

093 秘 (禾 10획) 숨길 비 秘 秘 秘 秘

字解 禾는 표의성분, 必은 표음성분. '숨기다, 신비하다'.
秘訣 秘書 秘密

關 必[5]

類 匿

成 神秘主義

094 碑 (石 13획) 돌기둥 비 碑 碑 碑 碑

字解 石은 표의성분, 卑는 표음성분. '비석, 돌기둥'.

碑文 碑石 碑銘

關 卑[3] 脾[1] 牌[1]

成 口碑文學

095 私 (禾 07획) 사사로울 사 私 私 私 私

字解 禾는 표의성분, 厶는 표음성분.

公私 私交 私債

關 弘[3]

反 公

成 滅私奉公

096 射 (寸 10획) 쏠 사 射 射 射 射

字解 온 몸(身)을 집중하여 화살(矢→寸)을 쏨. '쏘다'.

射殺 射手 射擊

關 謝[4]

類 發

成 射石成虎

097 絲 (糸 12획) 실 사 絲 絲 絲 絲

字解 糸의 본자(本字). 생사를 꼰 실의 모양.

鐵絲 螺絲 絹絲

關 變[5]

略 糸

成 一絲不亂

098 辭 (辛 19획) 말 사 辭 辭 辭 辭

字解 辛과 𤔔(란)의 합자(合字). 뒤섞인 것을 정리하다. '진술, 말, 사양하다, 그만두다'.

辭說 辭任 辭讓

略 乱

成 辭讓之心

099 散 (支 12획) 흩을 산 散 散 散 散

字解 肉은 표의성분, 㪚은 표음성분. '잘게 부순 고기'. '흩뜨리다, 흩어지다'로 뜻이 확대됨. 㪚은 삼을 흩는 것.

散漫 散步 散髮

關 撒[1]

成 風飛雹散 / 離合集散

100 象 (豕 12획) 코끼리 상 象 象 象 象

字解 코끼리 모양으로 코와 귀의 특징을 부각시킴.

象徵 象牙 抽象

關 像[3] 豫[4]

成 象牙婚式

101 傷 (亻 13획) 다칠 상 傷 傷 傷 傷

字解 人은 표의성분이고, 𥏻은 표의성분이면서 표음성분. '화살 맞아 다친 상처'.

傷心 傷處 傷害

關 觴[1]

成 傷風敗俗

102 宣 (宀 09획) 베풀 선 宣 宣 宣 宣

字解 宀은 표의성분, 亘은 표음성분. '베풀다, 알리다'.

宣誓 宣傳 宣敎

關 萱[*] 恒[1] 桓[1] 喧[1]

類 布

成 黑色宣傳

103 舌 (舌 06획) 허 설 舌 舌 舌 舌

字解 干 · 口 모두 표의성분. 입에서 혀가 나온 모습.

舌戰 舌苔 毒舌

關 刮[1] 括[1] 活[7] 闊[1]

成 駟不及舌

104 屬 (尸 21획) 무리 속/이을 촉 屬 屬 屬 屬

字解 尸는 표의성분, 蜀은 표음성분. '무리, 잇다, 부탁하다'.

所屬 金屬 屬國

關 蜀[2] 囑[1] 觸[3] 燭[3]

略 属

類 附

105 損 (扌 13획) 덜 손 損 損 損 損

字解 手는 표의성분, 員은 표음성분. '덜다'.

損失 損害 損傷

關 員[4] 韻[3] 圓[4]

反 益

類 失 , 害

106 松 (木 08획) 소나무 송 松 松 松 松

字解 木은 표의성분, 公은 표음성분. '소나무, 느슨하다'.

松下酒　　松島　　松嶽

關 公^{6}　　訟^{3}　　頌^{4}　　翁^{3}

成 落落長松

107 頌 (頁 13획) 칭송할 송 頌 頌 頌 頌

字解 頁은 표의성분, 公은 표음성분. '칭송하다, 기리다'.

頌祝　　頌歌　　頌辭

成 萬古稱頌

108 秀 (禾 07획) 빼어날 수 秀 秀 秀 秀

字解 벼의 이삭이 아래로 드리워진 모양. '빼어나다, 우수하다'.

秀才　　俊秀　　秀作

關 誘^{3}　　透^{3}

成 麥秀之嘆

109 叔 (又 08획) 아재비 숙 叔 叔 叔 叔

字解 尗은 콩깍지를 묶은 모양, 又는 손. 본의는 '콩을 줍다'인데 사라지고, '아재비'로 가차됨. '줍다, 아재비, 젊다'.

堂叔 叔父 從叔

關 淑[3] 菽[1] 督[4] 寂[3]

成 三堂叔母

110 肅 (聿 12획) 엄숙할 숙 肅 肅 肅 肅

字解 聿 · 淵(생략형) 모두 표의성분. '엄숙하다, 공경하다'.

嚴肅 靜肅 肅嚴

略 粛

成 肅殺之氣

111 崇 (山 11획) 높을 숭 崇 崇 崇 崇

字解 山은 표의성분, 宗은 표음성분. '산이 높다'.

崇高 崇尙 崇古

關 宗[4] 綜[2] 踪[1]

成 崇德廣業

112 氏 (氏 04획) 각시 씨   氏 氏 氏 氏

字解 무 뿌리의 모양. 뿌리가 나무의 근본이라면, 성은 사람의 근본이 되기 때문에 '姓'으로 인신됨.

氏族   姓氏   氏名

關 紙[7]

類 姓

113 額 (頁 18획) 이마 액   額 額 額 額

字解 頁은 표의성분, 客은 표음성분. '머리에 있는 이마'.

金額   額數   少額

關 客[5]

成 龍門點額

114 樣 (木 15획) 모양 양   樣 樣 樣 樣

字解 木은 표의성분, 羕은 표음성분. '모양, 본보기, 견본'.

樣式   樣相   模樣

關 洋[5]   詳[3]   鮮[5]

成 各樣各色

115 嚴 (口 20획) 엄할 엄 嚴 嚴 嚴 嚴

字解 口 · 厂은 표의성분, 敢은 표음성분. 口는 바위가 널린 모양. '엄하다, 혹독하다, 경계하다'.

嚴禁 嚴親 嚴肅

關 儼[1] 巖[3]

略 厳

成 嚴冬雪寒

116 與 (臼 14획) 더불 여 與 與 與 與

字解 舁 · 与 모두 표의성분. '더불다, 주다'.

與件 參與 與黨

關 輿[3] 擧[5] 譽[3] 嶼[1]

略 与

成 與世推移

117 易 (日 08획) 바꿀 역/쉬울 이 易 易 易 易

字解 자원 불명. 흔히 도마뱀을 그린 상형자라고 함. '바꾸다, 쉽다'.

貿易 容易 交易

關 錫[2] 賜[3] 剔[*]

成 易地思之

118 **域** (土 11획) 지경 역 域 域 域 域

字解 土는 표의성분, 或은 표음성분. '지경, 나라'.
廣域 區域 地域

關 或[4] 惑[3] 國[8]

類 區

成 異域之鬼

119 **延** (廴 07획) 끌 연 延 延 延 延

字解 廴· 止 모두 표의성분, ノ(예)는 표음성분. '멀리까지 이르다, 끌다'.

延期 延命 延着

關 筵[1] 誕[3]

類 蔓

成 無期延期

120 **鉛** (金 13획) 납 연 鉛 鉛 鉛 鉛

字解 金은 표의성분, 㕣은 표음성분. '검푸른 금속'.
鉛筆 亞鉛 丹鉛

關 沿[3] 船[5]

成 鉛刀一割

121 緣 (糸 15획) 인연 연 緣 緣 緣 緣

字解 糸는 표의성분, 彖은 표음성분. '가장자리, 인연'.

緣故　　因緣　　事緣

關 彖[*]　　篆[1]

類 因

成 緣木求魚

122 燃 (火 16획) 탈 연 燃 燃 燃 燃

字解 火는 표의성분, 然은 표음성분. '불타다, 사르다.'

燃料　　燃燒　　內燃

關 然[7]

成 燃眉之厄

123 迎 (辶 08획) 맞을 영 迎 迎 迎 迎

字解 辵은 표의성분, 卬은 표음성분. 오는 사람을 우러러 맞이한다는 뜻.

歡迎　　迎接　　迎合

關 仰[3]　　抑[3]

反 送

成 送舊迎新

124 映 (日 13획) 비출 영 映 映 映 映

字解 日은 표의성분, 央은 표음성분. '비추다, 비치다'.
照映 映像 映畵

關 央3 英6 殃3 怏1

類 照

成 映雪讀書

125 營 (火 17획) 경영할 영 營 營 營 營

字解 宮은 표의성분, 熒(생략형)은 표음성분. '모여 사는 곳, 진영, 경영하다'.
經營 營利 運營

類 經

略 営

成 民營住宅

126 豫 (豕 16획) 미리 예 豫 豫 豫 豫

字解 象은 표의성분, 予는 표음성분. 본의는 '매우 큰 코끼리'. '미리'는 가차의.
豫約 豫定 豫防

關 象4 像3

成 執行猶豫

127 郵 (阝 11획) 우편 우 郵 郵 郵 郵

字解 阝(=邑)部와 垂의 합자. '우편, 역참'.

郵便 郵政局 郵送

關 垂[3] 睡[3]

128 遇 (辶 13획) 만날 우 遇 遇 遇 遇

字解 辶은 표의성분, 禺는 표음성분. '만나다, 조우하다'.

待遇 處遇 禮遇

關 偶[3] 隅[1]

類 遭

成 千載一遇

129 優 (亻 17획) 넉넉할 우 優 優 優 優

字解 亻(人)은 표의성분, 憂는 표음성분. '넉넉하다, 뛰어나다'.

優先 俳優 優劣

關 憂[3]

反 劣

成 優柔不斷

130 怨 (心 09획) 원망할 원/쌓을 온 怨 怨 怨 怨

字解 心은 표의성분, 夗은 표음성분. '원망하다, 쌓다'.

怨恨 怨望 怨讐

關 苑[2] 鴛[1] 宛[1]

類 恨

反 恩

成 誰怨誰咎

131 源 (氵 13획) 근원 원 源 源 源 源

字解 水는 표의성분, 原은 표의성분이며 표음성분. '수원, 근원'.

起源 財源 電源

關 原[5] 願[5]

成 拔本塞源

132 援 (扌 12획) 도울 원 援 援 援 援

字解 手는 표의성분, 爰은 표음성분. '당기다, 돕다'.

支援 應援 援助

關 緩[3] 媛[2]

133 危 (卩/㔾 06획) 위태할 위 危 危 危 危

字解 人 · 厂 · 㔾 모두 표의성분. '위험하다'.

危險 危殆 危篤

關 厄[3]

成 累卵之危

134 委 (女 08획) 맡길 위 委 委 委 委

字解 禾 · 女 모두 표의성분. '맡기다'.

委託 委囑 委員

關 萎[1] 魏[2]

135 威 (女 09획) 위엄 위 威 威 威 威

字解 戌 · 女 모두 표의성분. '위엄, 으르다'.

威嚴 威脅 權威

成 狐假虎威

136 圍 (口 12획) 에울 위 圍 圍 圍 圍

字解 口는 표의성분, 韋는 표음성분. '에우다, 둘레'.

包圍網　　周圍　　範圍

關 韋[2]　　偉[5]　　違[3]　　緯[3]　　衛[4]

成 包圍攻擊

137 慰 (心 15획) 위로할 위 慰 慰 慰 慰

字解 心은 표의성분, 尉는 표음성분. '위로하다'.

慰勞　　自慰　　慰藉料

關 尉[2]

138 乳 (乙 08획) 젖 유 乳 乳 乳 乳

字解 爫 · 子 · 乙 모두 표의성분. '젖'.

乳臭　　鐘乳石　　哺乳類

關 浮[3]　　孵[1]

成 口尙乳臭

139 遊 (辶 13획) 놀 유

遊 遊 遊 遊

字解 辶(辵)은 표의성분, 斿는 표음성분. '놀다, 사귀다, 유세하다'.

野遊　遊園地　遊擊

關 游[1]

成 遊興業所

140 遺 (辶 16획) 남길 유

遺 遺 遺 遺

字解 辵은 표의성분, 貴는 표음성분. '남다, 빠지다, 버리다, 잃다'.

遺稿　遺棄　遺失

關 貴[5]　潰[1]　櫃[1]

成 養虎遺患

141 儒 (人 16획) 선비 유

儒 儒 儒 儒

字解 人은 표의성분, 需는 표음성분. '선비, 유교'.

儒學　儒道會館　儒教

關 需[3]　孺[1]　懦[1]

成 焚書坑儒

142 **隱** (阝 17획) **숨길 은** 隱 隱 隱 隱

字解 阜는 표의성분, 우측의 글자는 표음성분. '숨기다, 가엾어하다, 수수께끼'.

隱匿　　　隱遁　　　隱蔽

類 密

成 隱忍自重

143 **依** (亻 8획) **의지할 의** 依 依 依 依

字解 人은 표의성분, 衣는 표음성분. '의지하다, 좇다'.

依賴　　　依託　　　歸依

關 衣[6]

類 據

144 **儀** (亻 15획) **거동 의** 儀 儀 儀 儀

字解 人은 표의성분, 義는 표음성분. 모범적인 거동, 예를 표하는 선물. '본뜨다, 천문기계'.

禮儀　　　儀仗隊　　　賻儀

關 義[4]　　　議[4]

145 疑 (疋 14획) 의심할 의

疑 疑 疑 疑

字解 矢가 표음성분. 본래 '갈림길에서 두리번거리다'는 뜻을 나타냈음. '의심하다, 싫어하다'.

疑懼心 疑似 質疑

關 擬[1] 礙[2]

146 異 (田 12획) 다를 이

異 異 異 異

字解 田 · 廾 · 大 모두 표의성분. 두 손으로 머리에 물건을 이고 있는 모습. '다르다, 기이하다'.

異變 異端 異議

成 同黨伐異

147 仁 (亻 04획) 어질 인

仁 仁 仁 仁

字解 人 · 二 모두 표의성분. '어질다, 씨'.

仁術 仁慈 杏仁

成 仁者樂山

148 姉 (女 08획) 손윗누이 자 姉 姉 姉 姉

字解 女는 표의성분, 市는 표음성분. '누이'.

兄弟姉妹　姉夫　姉兄

關 市[7]　杮[1]

149 姿 (女09획) 맵시 자 姿 姿 姿 姿

字解 次는 표음성분, 女는 표의성분. '맵시'.

姿勢　姿態　雄姿

關 次[4]　恣[1]　資[4]　瓷[1]　諮[2]

成 天姿國色

150 資 (貝 13획) 재물 자 資 資 資 資

字解 次는 표음성분, 貝는 표의성분. '재물, 밑천, 자리'.

資産　資本　資格

關 次[4]　恣[1]　姿[4]　瓷[1]　諮[2]

151 殘 (歹 12획) 남을 잔 殘 殘 殘 殘

字解 歹은 표의성분, 戔은 표음성분. '남다, 해치다, 잔인하다'.

殘滓 殘酷 衰殘

關 棧[1] 盞[1] 淺[3] 箋[1] 賤[3]
踐[3] 錢[4]

152 雜 (隹 18획) 섞일 잡 雜 雜 雜 雜

字解 衣는 표의성분, 集은 표음성분. 잡(襍)의 俗字. '섞이다'.

雜誌 雜念 煩雜

關 集[6]

153 壯 (士 07획) 씩씩할 장 壯 壯 壯 壯

字解 士는 표의성분, 爿은 표음성분. '씩씩하다, 젊다'.

壯烈 壯談 青壯年

關 莊[3] 將[4] 裝[4] 奬[4] 醬[1]
漿[1]

成 大言壯語

154 裝 (衣 13획) 꾸밀 장 裝 裝 裝 裝

字解 衣는 표의성분, 壯은 표음성분. '꾸미다, 갖추다'.
裝備 裝置 僞裝

類 飾

成 武裝蜂起

155 奬 (大 15획) 권면할 장 奬 奬 奬 奬

字解 大는 표의성분, 將은 표음성분. '권면하다, 권장하다'.
奬勵 奬學 勸奬

關 將[4] 漿[1] 醬[1] 蔣[2]

156 帳 (巾 11획) 휘장 장 帳 帳 帳 帳

字解 巾은 표의성분, 長은 표음성분. '휘장, 장부'.
帳簿 帳幕 布帳

關 張[4] 長[8]

157 張 (弓 11획) 베풀 장 張 張 張 張

字解 弓은 표의성분, 長은 표음성분. '베풀다, 매다, 넓히다, 펴다'.
張皇 伸張 張力

關 帳[4] 長[8]

成 張三李四

158 腸 (月 13획) 창자 장 腸 腸 腸 腸

字解 月은 표의성분, 昜은 표음성분. '창자, 마음'.
九曲肝腸 心腸 灌腸

關 場[7] 陽[6] 揚[3] 楊[3] 暢[3]

成 愁腸九回

159 底 (广 08획) 밑 저 底 底 底 底

字解 广은 표의성분, 氐는 표의 겸 표음 성분. '밑, 바닥'.
底邊 底力 基底

關 低[4] 抵[3] 紙[7]

成 井底之蛙

160 賊 (貝 13획) 도둑 적 賊 賊 賊 賊

字解 貝 · 戎 모두 표의성분. 무기를 들고 재물을 훼손. '도둑'.

盜賊　逆賊　長髮賊

關 則[5]　側[3]　測[4]

成 賊反荷杖

161 適 (辶 15획) 맞을 적 適 適 適 適

字解 辵은 표의성분, 啇은 표음성분. '맞다'.

適否審査　適應　適法

關 敵[4]　摘[3]　嫡[1]

162 積 (禾 16획) 쌓을 적 積 積 積 積

字解 禾는 표의성분, 責은 표음성분. '쌓다'.

山積　積載　積極

關 績[4]　蹟[3]　責[5]　債[3]

成 積功之塔

163 績 (糸 17획) 길쌈 적

績 績 績 績

字解 糸는 표의성분, 責은 표음성분. '잣다, 공적'.

紡績　　功績　　成績

關 積[4]　　蹟[3]　　責[5]　　債[3]

164 籍 (竹 20획) 문서 적

籍 籍 籍 籍

字解 竹은 표의성분, 耤은 표음성분. '문서, 장부, 책'.

國籍　　書籍　　符籍

關 藉[1]

165 專 (寸 11획) 오로지 전

專 專 專 專

字解 글자의 위는 실북의 모양, 아래는 손(寸). 轉의 本字. '오로지, 제멋대로 하다'.

專攻　　專務　　專橫

關 傳[5]　　轉[4]

166 轉 (車 18획) 구를 전

轉 轉 轉 轉

字解 車는 표의성분, 專은 표음성분. '구르다, 옮기다, 바꾸다'.

轉換 轉嫁 轉補

關 傳[5] 專[4]

成 轉禍爲福

167 錢 (金 16획) 돈 전

錢 錢 錢 錢

字解 金은 표의성분, 戔은 표음성분. '돈'.

錢票 急錢 換錢

關 棧[1] 盞[1] 淺[3] 箋[1] 賤[3]
踐[3] 殘[4]

成 有錢有勢

168 折 (扌 07획) 꺾을 절

折 折 折 折

字解 手 · 斤 모두 표의성분. '꺾다, 죽다'.

折衷(折中) 挫折 夭折

關 誓[3] 逝[1]

成 百折不屈

169 占 (卜 05획) 차지할 점 占 占 占 占

字解 卜 · 口 모두 표의성분. '점치다, 차지하다'.

占領 占據 占卦

關 店[5] 粘[1] 點[4]

成 鵲巢鳩占

170 點 (黑 17획) 점 점 點 點 點 點

字解 黑은 표의성분, 占은 표음성분. '점, 조사하다, 켜다'.

點線 點檢 點火

關 占[4] 店[5] 粘[1]

成 畵龍點睛

171 丁 (一 02획) 네째천간 정 丁 丁 丁 丁

字解 못을 본떠 만든 상형자. '네째천간, 장정, 일꾼'.

壯丁 兵丁 男丁

關 頂[3] 亭[3] 釘[1] 訂[3] 成[6]
誠[4] 城[4] 盛[4]

成 目不識丁

172 整 (攴 16획) 가지런할 정

整 整 整 整

字解 束 · 攴은 표의성분, 正은 표의성분이면서 표음성분. '손으로 (바르지 못한 것을) 바르게 묶다'. '바르다, 옳다'.

整頓　　整備　　整形外科

關 正[7]　　征[3]　　政[4]

成 整裝待發

173 靜 (青 16획) 조용할 정

靜 靜 靜 靜

字解 青은 표의성분, 爭은 표음성분. '조용하다'.

靜脈　　靜肅　　靜淑

關 爭[5]　　淨[3]

成 靜中動

174 帝 (巾 09획) 임금 제

帝 帝 帝 帝

字解 제단을 본떴다는 설, 꽃받침을 본떴다는 설 등이 있음. '임금'.

帝王　　帝國　　皇帝

關 啼[1]　　蹄[1]　　締[2]　　諦[1]

175 組 (糸 11획) 끈 조 組 組 組 組

字解 糸는 표의성분, 且는 표음성분. '끈, 짜다'.

組織 組閣 組成

關 租3 粗1 祖7 助4

176 條 (木 11획) 가지 조 條 條 條 條

字解 木은 표의성분, 攸는 표음성분. '가지, 조목'.

條理 條目 條約

成 金科玉條

177 潮 (氵 15획) 조수 조 潮 潮 潮 潮

字解 水는 표의성분, 朝는 표음성분. '조수, 흐름'.

潮水干滿 潮汐 風潮

關 朝6 嘲1 廟3

178 存 (子 06획) 있을 존　存 存 存 存

字解 子는 표의성분, 才는 표음성분. '자식이 안부를 묻다'.

存置　存廢　保存

類 在

成 存亡之秋

179 從 (彳 11획) 좇을 종　從 從 從 從

字解 从 · 辵 모두 표의성분. '좇다, 친척관계'.

從事　從屬　從量制

關 慫[1]　縱[3]　蹤[1]

成 力不從心

180 鐘 (金 20획) 쇠북 종　鐘 鐘 鐘 鐘

字解 金은 표의성분, 童은 표음성분. '쇠북'.

鐘閣　鐘乳石　鐘鼎文

關 童[6]　憧[1]　瞳[1]

181 座 (广 10획) 자리 좌 座 座 座 座

字解 广은 표의성분. 坐는 표음성분. '앉는 자리'.
座席 講座 座談

關 坐3 挫1 悴1 萃1 脺1

成 座右銘

182 朱 (木 06획) 붉을 주 朱 朱 朱 朱

字解 나무 가운데에 획을 그은 모양의 지사자(指事字). '붉다, 성씨'.
印朱 紫朱 朱黃

關 殊3 株3 珠3

類 紅

183 周 (口 08획) 두루 주 周 周 周 周

字解 밭(田)에 농작물이 가득 차 있는 모양. '두루, 둘레, 주나라'.
周密 周圍 圓周

關 調5 彫2 週5 凋1 稠1
綢*

成 周到綿密

184 酒 (酉 10획) 술 주 酒 酒 酒 酒

字解 水 · 酉 모두 표의성분. '술'.

酒宴 酒精 按酒

關 醋[1] 醉[3] 醜[3] 酌[3]

成 酒肉朋友

185 證 (言 19획) 증명할 증 證 證 證 證

字解 言은 표의성분, 登은 표음성분. '증명하다, 증거'.

證券 證憑 證據

關 登[7] 燈[4]

186 誌 (言 14획) 기록 지 誌 誌 誌 誌

字解 言은 표의성분, 志는 표음성분. '기록, 잡지'.

雜誌 誌齡 校誌

關 志[4]

187 智 (日 12획) 지혜 지 智 智 智 智

字解 矢 · 口 모두 표의성분. '지혜'.
智慧 機智 智略

關 知[5] 痴[*]

成 老馬之智

188 持 (扌 09획) 가질 지 持 持 持 持

字解 手는 표의성분, 寺는 표음성분. '손에 쥐다'.
持論 持病 矜持

關 寺[4] 侍[3] 時[7] 詩[4] 峙[2]
痔[1] 特[6]

189 織 (糸 18획) 짤 직 織 織 織 織

字解 糸는 표의성분, 音(言)과 戈는 표의 겸 표의 성분. '짜다'.
紡織 組織 織造

關 識[5] 職[4] 熾[1] 幟[1]

190 珍 (玉 09획) 보배 진

珍 珍 珍 珍

字解 玉은 표의성분, 㐱(진)은 표음성분. '보배, 진귀하다'.

珍珠 珍貴 珍品名品

關 疹[1] 診[2]

成 山海珍味

191 陣 (阝 10획) 진칠 진

陣 陣 陣 陣

字解 阜·車 모두 표의성분. '군대의 행렬'. '진, 줄'.

陣營 背水陣 敵陣

關 車[7] 軍[8] 庫[4] 連[4] 運[6]
揮[4]

成 陣頭指揮

192 盡 (皿 14획) 다할 진

盡 盡 盡 盡

字解 聿 · 灬 · 皿 모두 표의 성분. 솔을 들고 그릇을 씻는 모양. 그릇에 음식물이 없다는 뜻. '다하다'.

極盡 賣盡 脫盡

略 尽

成 縱橫無盡

193 **差** (工 10획) **다를 차** 差 差 差 差

字解 來 · 左 모두 표의성분. 보리를 가공하다. '다르다, 어긋나다, 파견하다'.

差異 時差 誤差

關 嗟[1] 蹉[1] 磋[*]

類 異, 別

成 千差萬別

194 **讚** (言 26획) **기릴 찬** 讚 讚 讚 讚

字解 言은 표의성분, 贊은 표음성분. '칭송하다'.

讚歌 讚揚 過讚

關 贊[3] 瓚[2] 鑽[2]

成 自畫自讚

195 **採** (扌 11획) **캘 채** 採 採 採 採

字解 手는 표의성분, 采는 표음성분. 采가 본자. '손으로 열매를 따다'.

採取 採擇 伐採

關 采[2] 彩[3] 菜[3] 綵[*]

成 公開採用

196 冊 (冂 05획) 책 책 冊 冊 冊 冊

字解 간책(簡冊)의 모양.

冊床　冊房　冊封

關 珊[1]　刪[1]

197 泉 (水 09획) 샘 천 泉 泉 泉 泉

字解 白 · 水 모두 표의성분. 바위틈에서 물이 흘러나오는 모양.

鑛泉　溫泉　黃泉

關 線[6]　腺[1]

成 源泉封鎖

198 聽 (耳 22획) 들을 청 聽 聽 聽 聽

字解 耳 · 壬 · 悳 모두 표의성분. '몸을 숙여 귀로 좋은 말을 듣다'.

聽覺　聽衆　盜聽

關 廳[4]　德[5]

成 垂簾聽政

199 **廳** (广 25획) **관청 청** 廳 廳 廳 廳

字解 广은 표의성분, 聽은 표음성분.

區廳 市廳 廳舍

200 **招** (扌 08획) **부를 초** 招 招 招 招

字解 手는 표의성분, 召는 표의 및 표음 성분. '손을 흔들어 사람을 부르다'.

招待 招聘 自招

關 召^{3} 昭^{3} 紹^{2} 照^{3} 超^{3}

201 **推** (扌 11획) **밀 추** 推 推 推 推

字解 手는 표의성분, 隹는 표음성분. '손으로 밀다'.

推進 推薦 推測

關 雅^{3} 雄^{5} 進^{4}

成 推敲

202 縮 (糸 17획) 줄일 축 縮 縮 縮 縮

字解 糸는 표의성분, 宿은 표음 및 표의 성분.

緊縮 濃縮 伸縮性

關 宿[5]

類 減

203 趣 (走 15획) 뜻 취 趣 趣 趣 趣

字解 走는 표의성분, 取는 표음성분. '질주하다'.

趣味 趣旨 趣向

關 取[4] 聚[2] 娶[1]

204 就 (尢 12획) 나아갈 취 就 就 就 就

字解 京 · 尤 모두 표의성분.

就業 就寢 去就

關 蹴[2]

成 日就月將

205 層 (尸 15획) 층 층 層 層 層 層

字解 尸는 표의성분, 曾은 표의 및 표음 성분. '거듭 포개어지다'.

層階　階層　高層

關 曾[3]　增[4]　憎[3]　贈[3]

成 層層侍下

206 寢 (宀 14획) 잠잘 침 寢 寢 寢 寢

字解 宀 · 爿은 표의성분, 侵은 표음성분.

寢具　寢臺　寢室

關 侵[4]　浸[3]

207 鍼 (金 17획) 바늘 침 鍼 鍼 鍼 鍼

字解 金은 표의성분, 咸은 표음성분. '바늘'. 針과 동자(同字).

鍼灸　鍼術　頂門一鍼

關 減[4]　感[6]　憾[2]　喊[1]　緘[1]

成 針小棒大

208 **稱** (禾 14획) **일컬을 칭** 稱 稱 稱 稱

字解 禾는 표의성분, 오른쪽 부분은 표음성분. '무게를 달다'.

自稱 呼稱 稱讚

略 称

209 **彈** (弓 15획) **탄알 탄** 彈 彈 彈 彈

字解 弓은 표의성분, 單은 표음성분. '탄환'.

彈丸 彈劾 彈力

關 單[4] 簞[1] 鄲[*] 禪[3]

210 **歎** (欠 15획) **탄식할 탄** 歎 歎 歎 歎

字解 欠은 표의성분, 堇은 표음성분. '읊조리다'.

歎息 感歎 歎願

關 漢[7] 難[4]

類 嘆

成 晩時之歎

211 脫 (月 11획) 벗을 탈 脫 脫 脫 脫

字解 肉은 표의성분, 兌는 표음성분. '살이 빠지다'.

脫稅 脫落 疏脫

關 兌[2] 說[5] 稅[4] 悅[3] 閱[3] 銳[3]

212 探 (扌 11획) 찾을 탐 探 探 探 探

字解 手 · 穴(생략형) · 木 모두 표의성분. '나무를 들고 굴의 깊이를 가늠하다'.

探究 探訪 探險

關 深[4]

213 擇 (扌 16획) 가릴 택 擇 擇 擇 擇

字解 手는 표의성분, 睪은 표음성분. '고르다'.

擇日 選擇 採擇

關 澤[3] 釋[3] 譯[3] 繹[1] 驛[3]

略 択

成 兩者擇一

214 討 (言 10획) 칠 토 討 討 討 討

字解 言 · 寸 모두 표의성분. '말과 법으로 다스리다'. '치다, 공격하다'.

討議 檢討 討伐

關 寸[8] 村[7] 付[3]

類 伐

成 爛商討論

215 痛 (疒 12획) 아플 통 痛 痛 痛 痛

字解 疒은 표의성분, 甬은 표음성분.

痛症 痛哭 鎭痛劑

關 通[6] 桶[1] 勇[6] 踊[1] 俑[*]

216 投 (扌 07획) 던질 투 投 投 投 投

字解 手는 표의성분, 殳는 표음성분.

投擲 投資 投機

關 般[3] 設[4] 役[3] 疫[3]

成 意氣投合

217 鬪 (鬥 20획) 싸움 투 鬪 鬪 鬪 鬪

字解 鬥는 표의성분, 尌는 표음성분.

鬪技 鬪爭 鬪志

關 廚[1]

類 爭

成 泥田鬪狗

218 派 (氵 09획) 갈패 파 派 派 派 派

字解 氵의 오른쪽 부분은 물이 갈라져 흐르는 모양. '물의 지류'.

派閥 派遣 系派

關 脈[4]

219 判 (刂 07획) 판단할 판 判 判 判 判

字解 刀는 표의성분, 半은 표음성분. '가르다'.

判斷 判決 判定

關 半[6] 伴[3] 叛[3] 畔[1] 絆[1]

成 理判事判

220 篇 (竹 15획) 책 편

篇 篇 篇 篇

字解 竹은 표의성분, 扁은 표음성분.

長篇　短篇　篇幅

關 扁[2]　偏[3]　遍[3]　編[3]　騙[1]

成 千篇一律

221 評 (言 12획) 평론할 평

評 評 評 評

字解 言은 표의성분, 平은 표음성분. '잘잘못을 살펴 정하다'.

評論　評價　批評

關 平[7]　坪[2]　萍[1]

成 時事漫評

222 閉 (門 11획) 닫을 폐

閉 閉 閉 閉

字解 才는 빗장. 문에 빗장이 걸린 모양. '닫다'.

閉幕　閉鎖　閉會

關 間[7]　開[6]　關[5]　閑[4]　閃[1]

223 胞 (月 09획) 세포 포 胞 胞 胞 胞

字解 肉은 표의성분, 包는 표음성분.

細胞 僑胞 同胞

關 包[4] 砲[4] 抱[3] 飽[3] 鮑[2]
咆[1] 泡[1] 疱[1] 袍[1]

224 爆 (火 19획) 터질 폭 爆 爆 爆 爆

字解 火는 표의성분, 暴은 표음성분. '(불)터지다'.

爆發 爆彈 爆笑

關 暴[4] 瀑[1]

225 標 (木 15획) 표할 표 標 標 標 標

字解 木은 표의성분, 票는 표음성분. '나무의 끝'.

標準 標識 目標

關 票[4] 漂[3] 剽[1] 慓[1]

226 **疲** (疒 10획) **피곤할 피** 疲 疲 疲 疲

字解 疒은 표의성분, 皮는 표음성분. '피곤하다, 고달프다'.

疲困 疲勞 疲弊

關 皮[3] 彼[3] 被[3] 披[1] 波[4]
破[4] 頗[3] 跛[1] 婆[1]

227 **避** (辶 17획) **피할 피** 避 避 避 避

字解 辵은 표의성분, 辟은 표음성분.

避暑 避雷針 逃避

關 壁[4] 僻[2] 劈[1] 璧[1] 癖[1]
闢[1]

228 **恨** (忄 09획) **한할 한** 恨 恨 恨 恨

字解 心은 표의성분, 艮은 표음성분.

恨歎 悔恨 怨恨

關 限[4] 懇[3] 墾[1] 根[6] 銀[6]
眼[4] 痕[1]

229 閑 (門 12획) 한가할 한 閑 閑 閑 閑

字解 門 · 木 모두 표의성분. 문에 빗장이 걸려 있는 모양. '한가하다'는 파생의.
閒과 동자(同字)
閑散 閑談 忙中閑

關 間[7] 開[6] 闢[5] 閉[4] 閃[1]

230 抗 (扌 07획) 겨룰 항 抗 抗 抗 抗

字解 手는 표의성분, 亢은 표음성분.
抗拒 抗命 抗菌

關 亢[2] 航[4] 坑[2] 沆[2]

成 不可抗力

231 核 (木 10획) 씨 핵 核 核 核 核

字解 木은 표의성분, 亥는 표음성분.
核心 肺結核 核武器

關 劾[1] 亥[3] 該[3] 咳[1] 骸[1]
駭[1] 孩[*]

232 憲 (心 16획) 법 헌

憲 憲 憲 憲

字解 目 · 心은 표의성분, 害(생략형)는 표음성분. '생각이나 눈빛이 날카롭다'.

憲法　　憲章　　違憲

233 險 (阝 16획) 험할 험

險 險 險 險

字解 阜는 표의성분, 僉은 표음성분.

險難　　險惡　　冒險

關 驗[4]　　儉[4]　　檢[4]　　劍[3]

略 険

234 革 (革 09획) 가죽 혁

革 革 革 革

字解 털을 벗긴 가죽의 모양.

革帶　　革新　　改革

關 靴[2]　　鞏[1]

235 顯 (頁 23획) 나타낼 현

顯 顯 顯 顯

字解 日 · 絲 · 頁 모두 표의성분. '가느다란 실이 밝은 햇빛 아래에서 잘 드러나 보인다'.

顯微鏡 顯著 顯忠日

略 顕

成 破邪顯正

236 刑 (刂 06획) 형벌 형

刑 刑 刑 刑

字解 刀는 표의성분, 幵(井의 와전. '규범'을 의미)은 표의 및 표음 성분. '법에 따라 목을 베다'.

刑罰 刑期 刑法

關 形[6] 型[2] 荊[1] 開[6]

237 好 (女 06획) 좋을 호

好 好 好 好

字解 女 · 子 모두 표의성분. '좋다, 좋아하다'.

好感 好材 好奇心

成 好事多魔

238 或 (戈 08획) 혹시 혹 或 或 或 或

字解 口 · 一 · 戈 모두 표의성분. 口는 城, 一은 땅. 창을 들고 지켜야 할 城과 땅. '혹시'는 가차의.

或者 或是 間或

關 惑[3] 國[8] 域[4]

239 婚 (女 11획) 혼인 혼 婚 婚 婚 婚

字解 女는 표의성분, 昏은 표의 및 표음 성분. '신부를 저녁에 맞이하다'.

婚姻 婚期 婚需

關 昏[3]

240 混 (氵 11획) 섞을 혼 混 混 混 混

字解 水는 표의성분, 昆은 표음성분.

混合 混線 混沌

關 昆[1] 棍[1] 崑*

241 紅 (糸 09획) 붉을 홍

紅 紅 紅 紅

字解 糸는 표의성분, 工은 표음성분.

紅柿 紅疫 紅一點

關 虹[1] 訌[1] 鴻[3] 工[7] 功[6] 攻[4] 貢[3] 恐[3] 江[7] 項[3] 肛[1] 缸[1]

成 同價紅裳

242 華 (艹 12획) 빛날 화

華 華 華 華

字解 아랫부분은 꽃의 모양. '꽃'.

華麗 昇華 華僑

關 嬅[2] 燁[1]

成 豪華奢侈

243 環 (王 17획) 고리 환

環 環 環 環

字解 玉은 표의성분, 睘은 표음성분. 고리 모양의 옥.

環境 循環 一環

關 還[3]

244 **歡** (欠 22획) **기뻐할 환** 歡 歡 歡 歡

字解 欠은 표의성분, 雚은 표음성분.

歡待　歡送　歡喜

關 觀[5]　灌[1]　勸[4]　權[4]

略 歓

245 **況** (氵 08획) **하물며 황** 況 況 況 況

字解 水는 표의성분, 兄은 표음성분. '하물며'는 가차의.

狀況　情況　不況

246 **灰** (火 06획) **재 회** 灰 灰 灰 灰

字解 又・火 모두 표의성분. 불이 꺼진 후, 손으로 만질 수 있는 것. 즉, 재.

灰色　灰壁　石灰

關 恢[1]　炭[5]

247 厚 (厂 09획) 두터울 후　厚 厚 厚 厚

字解 안쪽 부분은 담장의 모양. '(담장이) 두텁다'.

厚德　重厚　濃厚

反 薄

成 厚顔無恥

248 候 (亻 10획) 기후 후　候 候 候 候

字解 人은 표의성분, 侯는 표음성분. 활 쏘는 것을 '가만히 보다'.

氣候　徵候　候補

關 侯3　喉2

249 揮 (扌 12획) 휘두를 휘　揮 揮 揮 揮

字解 手는 표의성분, 軍은 표음성분. '크게 휘두르다'.

發揮　指揮　揮發油

關 輝3　軍8　運6　渾1

成 一筆揮之

250 喜 (口 12획) 기쁠 희

喜 喜 喜 喜

字解 壴 · 口 모두 표의성분. 口는 본래 그릇의 모양. 喜는 받침에 올려 놓은 북.

喜悲　　喜劇　　喜悅

關 禧^2　　嬉^2　　熹^2　　憙^2

成 喜喜樂樂

부 록

급수별 배정 한자

찾아보기

8급(50자)

【ㄱ】

校 학교 ··········· 교
敎 가르침 ········ 교
九 아홉 ··········· 구
國 나라 ··········· 국
軍 군사 ··········· 군
金 쇠 ··············· 금
　 성 ··············· 김

【ㄴ】

南 남녘 ··········· 남
女 계집 ··········· 녀
年 해 ··············· 년

【ㄷ】

大 큰 ··············· 대
東 동녘 ··········· 동

【ㄹ】

六 여섯 ··········· 륙
萬 일만 ··········· 만
母 어미 ··········· 모
木 나무 ··········· 목
門 문 ··············· 문
民 백성 ··········· 민

【ㅂ】

白 흰 ··············· 백
父 아비 ··········· 부
北 북녘 ··········· 북
　 달아날 ········ 배

四 넉 ··············· 사
山 뫼 ··············· 산
三 석 ··············· 삼
生 날 ··············· 생
西 서녘 ··········· 서
先 먼저 ··········· 선
小 작을 ··········· 소
水 물 ··············· 수
室 집 ··············· 실
十 열 ··············· 십

【ㅇ】

五 다섯 ··········· 오
王 임금 ··········· 왕
外 밖 ··············· 외
月 달 ··············· 월
二 두 ··············· 이
人 사람 ··········· 인
一 한 ··············· 일
日 해 ··············· 일

【ㅈ】

長 긴/어른 ······ 장
弟 아우 ··········· 제
中 가운데 ········ 중

【ㅊ】

靑 푸를 ··········· 청
寸 마디 ··········· 촌
七 일곱 ··········· 칠

【ㅌ】

土 흙 ··············· 토

八 여덟 ··········· 팔
學 배울 ··········· 학
韓 한국 ··········· 한
兄 맏 ··············· 형
火 불 ··············· 화

7급(100자)

【ㄱ】

家 집 ··············· 가
歌 노래 ··········· 가
間 사이 ··········· 간
江 강 ··············· 강
車 수레 ··········· 거
工 장인 ··········· 공
空 빌 ··············· 공
口 입 ··············· 구
氣 기운 ··········· 기
記 기록할 ········ 기
旗 기 ··············· 기

【ㄴ】

男 사내 ··········· 남
內 안 ··············· 내
農 농사 ··········· 농

【ㄷ】

答 대답 ··········· 답
道 길 ··············· 도
同 한가지 ········ 동

冬 겨울 ········· 동
洞 골/마을 ········· 동
통할 ········· 통
動 움직일 ········· 동
登 오를 ········· 등

【ㄹ】

來 올 ········· 래
力 힘 ········· 력
老 늙은이 ········· 로
里 마을 ········· 리
林 수풀 ········· 림
立 설 ········· 립

【ㅁ】

每 매양 ········· 매
面 낯 ········· 면
名 이름 ········· 명
命 목숨 ········· 명
文 무늬 ········· 문
問 물을 ········· 문
物 만물 ········· 물

【ㅂ】

方 모 ········· 방
百 일백 ········· 백
夫 지아비 ········· 부
不 아닐 ········· 불

【ㅅ】

事 일 ········· 사
算 셀 ········· 산
上 위 ········· 상
色 빛 ········· 색
夕 저녁 ········· 석
姓 성 ········· 성
世 인간 ········· 세
少 적을 ········· 소
所 바 ········· 소
手 손 ········· 수
數 셀 ········· 수
時 때 ········· 시
食 밥 ········· 식
植 심을 ········· 식
心 마음 ········· 심

【ㅇ】

安 편안할 ········· 안
語 말씀 ········· 어
然 그러할 ········· 연
午 낮 ········· 오
右 오른쪽 ········· 우
有 있을 ········· 유
育 기를 ········· 육
邑 고을 ········· 읍
入 들 ········· 입

【ㅈ】

自 스스로 ········· 자
子 아들 ········· 자
字 글자 ········· 자
場 마당 ········· 장
電 번개 ········· 전
全 온전할 ········· 전
前 앞 ········· 전
正 바를 ········· 정
祖 조상 ········· 조
足 발 ········· 족
左 왼 ········· 좌
主 주인 ········· 주
住 살 ········· 주
重 무거울 ········· 중
紙 종이 ········· 지
地 땅 ········· 지
直 곧을 ········· 직

【ㅊ】

川 내 ········· 천
千 일천 ········· 천
天 하늘 ········· 천
草 풀 ········· 초
村 마을 ········· 촌
秋 가을 ········· 추
春 봄 ········· 춘
出 날 ········· 출

【ㅍ】

便 편할 ········· 편
오줌 ········· 변
平 평평할 ········· 평
下 아래 ········· 하
夏 여름 ········· 하
漢 한수 ········· 한
海 바다 ········· 해

話 말할 ············ 화
花 꽃 ················· 화
活 살 ················· 활
孝 효도 ·············· 효
後 뒤 ················· 후
休 쉴 ················· 휴

6급(150자)

【ㄱ】

角 뿔 ················· 각
各 각각 ·············· 각
感 느낄 ·············· 감
江 강 ················· 강
强 굳셀 ·············· 강
開 열 ················· 개
京 서울 ·············· 경
界 지경 ·············· 계
計 꾀 ················· 계
高 높을 ·············· 고
苦 쓸 ················· 고
古 옛 ················· 고
公 공평할 ··········· 공
功 공 ················· 공
共 함께 ·············· 공
科 과정 ·············· 과
果 열매 ·············· 과
光 빛 ················· 광
交 사귈 ·············· 교
球 공 ················· 구
區 구역 ·············· 구
郡 고을 ·············· 군
根 뿌리 ·············· 근
近 가까울 ··········· 근
今 이제 ·············· 금
急 급할 ·············· 급
級 등급 ·············· 급

【ㄷ】

多 많을 ·············· 다
短 짧을 ·············· 단
堂 집 ················· 당
代 대신할 ··········· 대
對 대답할 ··········· 대
待 기다릴 ··········· 대
圖 그림 ·············· 도
度 법도 ·············· 도
讀 읽을 ·············· 독
動 움직일 ··········· 동
童 아이 ·············· 동
頭 머리 ·············· 두
等 가지런할 ········ 등

【ㄹ】

樂 즐길 ·············· 락
풍류 ·············· 악
좋아할 ··········· 요
例 법식 ·············· 례
禮 예도 ·············· 례
路 길 ················· 로
綠 초록빛 ··········· 록
理 다스릴 ··········· 리
利 날카로울 ········ 리
李 오얏 ·············· 리
每 매양 ·············· 매
面 낯 ················· 면
名 이름 ·············· 명
命 목숨 ·············· 명
明 밝을 ·············· 명
目 눈 ················· 목
門 문 ················· 문
米 쌀 ················· 미
美 아름다울 ········ 미
朴 성씨 ·············· 박
反 되돌릴 ··········· 반
半 반 ················· 반
班 나눌 ·············· 반
發 쏠 ················· 발
放 놓을 ·············· 방
番 차례 ·············· 번
別 나눌 ·············· 별
病 병 ················· 병
服 옷 ················· 복
本 밑 ················· 본
部 떼 ················· 부
分 나눌 ·············· 분

【ㅅ】

社 모일 ·············· 사

死 죽을 …… 사
書 글/책 …… 서
石 돌 …… 석
席 자리 …… 석
線 줄 …… 선
雪 눈 …… 설
成 이룰 …… 성
省 살필 …… 성
덜 …… 생
消 사라질 …… 소
速 빠를 …… 속
孫 손자 …… 손
樹 나무 …… 수
術 꾀/재주 …… 술
習 익힐 …… 습
勝 이길 …… 승
始 처음 …… 시
式 법 …… 식
信 믿을 …… 신
身 몸 …… 신
新 새 …… 신
神 귀신 …… 신
失 잃을 …… 실

【ㅇ】

愛 사랑 …… 애
野 들 …… 야
夜 밤 …… 야
弱 약할 …… 약
藥 약 …… 약
洋 바다 …… 양
陽 볕 …… 양
言 말씀 …… 언
業 업 …… 업
英 꽃부리 …… 영
永 길 …… 영
溫 따뜻할 …… 온
勇 날쌜 …… 용
用 쓸 …… 용
運 돌 …… 운
園 동산 …… 원
遠 멀 …… 원
由 말미암을 …… 유
油 기름 …… 유
銀 은 …… 은
音 소리 …… 음
飮 마실 …… 음
意 뜻 …… 의
醫 의원 …… 의
衣 옷 …… 의

【ㅈ】

者 놈 …… 자
昨 어제 …… 작
作 지을 …… 작
章 글 …… 장
才 재주 …… 재
在 있을 …… 재
戰 싸울 …… 전
庭 뜰 …… 정
定 정할 …… 정
第 차례 …… 제
題 표제 …… 제
朝 아침 …… 조
族 겨레 …… 족
注 물댈 …… 주
晝 낮 …… 주
集 모일 …… 집

【ㅊ】

窓 창 …… 창
淸 맑을 …… 청
體 몸 …… 체
親 친할 …… 친

【ㅌ】

太 클 …… 태
通 통할 …… 통
特 특별할 …… 특

【ㅍ】

表 겉 …… 표
風 바람 …… 풍

【ㅎ】

合 합할 …… 합
幸 다행 …… 행
行 갈 …… 행
向 향할 …… 향
現 나타날 …… 현
形 모양 …… 형
號 부르짖을 …… 호
和 화할 …… 화

畫 그림 …… 화
黃 누를 …… 황
會 모일 …… 회
訓 가르칠 …… 훈

5급(200자)

【ㄱ】
價 값 …… 가
可 옳을 …… 가
加 더할 …… 가
改 고칠 …… 개
客 손 …… 객
擧 들 …… 거
去 갈 …… 거
建 세울 …… 건
件 사건 …… 건
健 튼튼할 …… 건
格 바로잡을 …… 격
見 볼 …… 견
決 결단할 …… 결
結 맺을 …… 결
敬 공경할 …… 경
景 볕 …… 경
輕 가벼울 …… 경
競 겨룰 …… 경
告 알릴 …… 고
考 상고할 …… 고
固 굳을 …… 고
曲 굽을 …… 곡
課 매길 …… 과
過 지날 …… 과
關 빗장 …… 관
觀 볼 …… 관
廣 넓을 …… 광
橋 다리 …… 교
舊 예 …… 구
具 갖출 …… 구
救 건질 …… 구
局 판 …… 국
貴 귀할 …… 귀
規 법 …… 규
給 넉넉할 …… 급
己 자기 …… 기
基 터 …… 기
技 재주 …… 기
汽 김 …… 기
期 기약할 …… 기
吉 길할 …… 길

【ㄴ】
能 능할 …… 능

【ㄷ】
團 둥글 …… 단
壇 단 …… 단
談 말씀 …… 담
當 당할 …… 당
德 덕 …… 덕
度 법도 …… 도
到 이를 …… 도
島 섬 …… 도
都 도읍 …… 도
獨 홀로 …… 독

【ㄹ】
落 떨어질 …… 락
朗 밝을 …… 랑
冷 찰 …… 랭
良 좋을 …… 량
量 헤아릴 …… 량
旅 나그네 …… 려
歷 지낼 …… 력
練 익힐 …… 련
領 옷깃 …… 령
令 영 …… 령
勞 일할 …… 로
料 되질할 …… 료
類 무리 …… 류
流 흐를 …… 류
陸 뭍 …… 륙
馬 말 …… 마
末 끝 …… 말
望 바랄 …… 망
亡 망할 …… 망
賣 팔 …… 매
買 살 …… 매
無 없을 …… 무

【ㅂ】

發 쏠 ······ 발
倍 곱 ······ 배
法 법 ······ 법
變 변할 ······ 변
兵 군사 ······ 병
福 복 ······ 복
奉 받들 ······ 봉
分 나눌 ······ 분
比 견줄 ······ 비
鼻 코 ······ 비
費 쓸 ······ 비
氷 얼음 ······ 빙

【ㅅ】

仕 벼슬할 ······ 사
士 선비 ······ 사
史 역사 ······ 사
思 생각할 ······ 사
寫 베낄 ······ 사
査 조사할 ······ 사
產 낳을 ······ 산
相 서로 ······ 상
商 장사 ······ 상
賞 상줄 ······ 상
序 차례 ······ 서
仙 신선 ······ 선
鮮 고울 ······ 선
善 착할 ······ 선
船 배 ······ 선
選 가릴 ······ 선
說 말씀 ······ 설
性 성품 ······ 성
歲 해 ······ 세
洗 씻을 ······ 세
束 묶을 ······ 속
首 머리 ······ 수
宿 잠잘 ······ 숙
별자리 ······ 수
順 순할 ······ 순
示 보일 ······ 시
識 알 ······ 식
표할 ······ 지
臣 신하 ······ 신
實 열매 ······ 실

【ㅇ】

兒 아이 ······ 아
惡 악할 ······ 악
미워할 ······ 오
案 책상 ······ 안
約 묶을 ······ 약
養 기를 ······ 양
魚 고기 ······ 어
漁 고기잡을 ······ 어
億 억 ······ 억
熱 더울 ······ 열
葉 잎 ······ 엽
屋 집 ······ 옥
完 완전할 ······ 완
要 구할 ······ 요
曜 빛날 ······ 요
浴 목욕할 ······ 욕
雨 비 ······ 우
友 벗 ······ 우
牛 소 ······ 우
雲 구름 ······ 운
雄 수컷 ······ 웅
元 으뜸 ······ 원
願 원할 ······ 원
原 근원 ······ 원
院 담 ······ 원
偉 훌륭할 ······ 위
位 자리 ······ 위
以 써 ······ 이
耳 귀 ······ 이
因 인할 ······ 인
任 맡길 ······ 임

【ㅈ】

財 재물 ······ 재
材 재목 ······ 재
災 재앙 ······ 재
再 두 ······ 재
爭 다툴 ······ 쟁
貯 쌓을 ······ 저
的 과녁 ······ 적
赤 붉을 ······ 적
典 법 ······ 전
傳 전할 ······ 전

展 펼 …… 전
節 마디 …… 절
切 끊을 …… 절
　온통 …… 체
店 가게 …… 점
情 뜻 …… 정
停 머무를 …… 정
調 고를 …… 조
操 잡을 …… 조
卒 군사 …… 졸
種 씨 …… 종
終 끝날 …… 종
罪 허물 …… 죄
週 돌 …… 주
州 고을 …… 주
知 알 …… 지
止 그칠 …… 지
質 바탕 …… 질

【ㅊ】

着 붙을 …… 착
參 참여할 …… 참
　석 …… 삼
唱 노래 …… 창
責 꾸짖을 …… 책
鐵 쇠 …… 철
初 처음 …… 초
最 가장 …… 최
祝 빌 …… 축
充 찰 …… 충
致 이를 …… 치
則 법칙 …… 칙
　곧 …… 즉

【ㅌ】

打 칠 …… 타
他 다를 …… 타
卓 높을 …… 탁
炭 숯 …… 탄
宅 집 …… 택

【ㅍ】

板 널빤지 …… 판
敗 패할 …… 패
品 물건 …… 품
必 반드시 …… 필
筆 붓 …… 필

【ㅎ】

河 강 …… 하
寒 찰 …… 한
害 해칠 …… 해
許 허락할 …… 허
湖 호수 …… 호
化 될 …… 화
患 근심 …… 환
效 본받을 …… 효
凶 흉할 …… 흉
黑 검을 …… 흑

4급II(250자)

【ㄱ】

假 거짓 …… 가
街 거리 …… 가
監 볼 …… 감
減 덜 …… 감
康 편안할 …… 강
講 익힐 …… 강
個 낱 …… 개
檢 검사할 …… 검
潔 깨끗할 …… 결
缺 이지러질 …… 결
經 지날/글 …… 경
境 지경 …… 경
慶 경사 …… 경
警 경계할 …… 경
係 맬 …… 계
故 옛 …… 고
官 벼슬 …… 관
求 구할 …… 구
究 연구할 …… 구
句 글귀 …… 구
宮 집 …… 궁
權 권세 …… 권
極 다할 …… 극
禁 금할 …… 금
器 그릇 …… 기
起 일어날 …… 기

【ㄴ】

暖 따뜻할 …… 난
難 어려울 …… 난
努 힘쓸 …… 노
怒 성낼 …… 노

【ㄷ】

斷 끊을 …… 단
端 끝/바를 …… 단
單 홑 …… 단
檀 박달나무 …… 단
達 통달할 …… 달
擔 멜 …… 담
黨 무리 …… 당
隊 떼 …… 대
帶 띠 …… 대
導 이끌 …… 도
督 살펴볼 …… 독
毒 독할 …… 독
銅 구리 …… 동
豆 콩 …… 두
斗 말 …… 두
得 얻을 …… 득
燈 등잔 …… 등

【ㄹ】

羅 벌릴 …… 라
兩 두 …… 량
麗 고울 …… 려
連 잇닿을 …… 련
列 줄 …… 렬
領 거느릴 …… 령
錄 기록할 …… 록
論 말할 …… 론
留 머무를 …… 류
律 법 …… 률

【ㅁ】

滿 찰 …… 만
脈 맥 …… 맥
毛 털 …… 모
牧 칠 …… 목
武 굳셀 …… 무
務 힘쓸 …… 무
味 맛 …… 미
未 아닐 …… 미
密 빽빽할 …… 밀

【ㅂ】

博 넓을 …… 박
房 방 …… 방
防 둑 …… 방
訪 찾을 …… 방
配 짝/나눌 …… 배
背 등 …… 배
拜 절 …… 배
罰 죄 …… 벌
伐 칠 …… 벌
壁 벽 …… 벽
邊 가 …… 변
報 갚을 …… 보
寶 보배 …… 보
保 지킬 …… 보
步 걸음 …… 보
復 다시 …… 부
돌아올 …… 복
婦 며느리 …… 부
富 부자 …… 부
副 버금 …… 부
府 곳집 …… 부
佛 부처 …… 불
備 갖출 …… 비
悲 슬플 …… 비
非 아닐 …… 비
飛 날 …… 비
貧 가난할 …… 빈

【ㅅ】

謝 사례할 …… 사
師 스승 …… 사
舍 집 …… 사
寺 절 …… 사
殺 죽일 …… 살
감할/빠를 …… 쇄
狀 형상 …… 상
문서 …… 장
床(牀) 평상 …… 상
想 생각할 …… 상
設 베풀 …… 설
誠 정성 …… 성
聖 성인 …… 성
城 성 …… 성

聲 소리 ············ 성
星 별 ············ 성
盛 성할 ············ 성
勢 기세 ············ 세
細 가늘 ············ 세
稅 구실 ············ 세
笑 웃을 ············ 소
素 흴 ············ 소
俗 풍속 ············ 속
續 이을 ············ 속
送 보낼 ············ 송
收 거둘 ············ 수
授 줄 ············ 수
受 받을 ············ 수
修 닦을 ············ 수
守 지킬 ············ 수
純 순수할 ········ 순
視 볼 ············ 시
試 시험할 ········ 시
詩 시 ············ 시
施 베풀 ············ 시
息 숨쉴 ············ 식
申 알릴/납 ······ 신
深 깊을 ············ 심

【ㅇ】

眼 눈 ············ 안
暗 어두울 ········ 암
壓 누를 ············ 압
液 진 ············ 액
羊 양 ············ 양
餘 남을 ············ 여
如 같을 ············ 여
逆 거스를 ········ 역
煙 연기 ············ 연
演 펼 ············ 연
硏 갈 ············ 연
熱 더울 ············ 열
榮 꽃/영화 ······ 영
藝 재주 ············ 예
誤 그릇할 ········ 오
玉 옥 ············ 옥
往 갈 ············ 왕
謠 노래 ············ 요
容 얼굴 ············ 용
員 수효 ············ 원
圓 둥글 ············ 원
爲 할 ············ 위
衛 지킬 ············ 위
肉 고기 ············ 육
恩 은혜 ············ 은
陰 응달 ············ 음
應 응할 ············ 응
義 옳을 ············ 의
議 의논할 ········ 의
移 옮길 ············ 이
益 더할 ············ 익
認 알 ············ 인
印 도장 ············ 인
引 끌 ············ 인

【ㅈ】

將 장차/장수 ···· 장
障 가로막을 ···· 장
低 밑 ············ 저
敵 원수 ············ 적
傳 전할 ············ 전
展 펼 ············ 전
田 밭 ············ 전
絶 끊을 ············ 절
接 사귈 ············ 접
精 찧을 ············ 정
政 다스릴 ········ 정
祭 제사 ············ 제
濟 건널 ············ 제
製 지을 ············ 제
際 사이 ············ 제
制 마를 ············ 제
提 끌 ············ 제
除 덜 ············ 제
助 도울 ············ 조
鳥 새 ············ 조
造 지을 ············ 조
早 이를 ············ 조
尊 높을 ············ 존
宗 마루 ············ 종
走 달릴 ············ 주
竹 대 ············ 죽
準 법/준할 ······ 준

衆 무리 …… 중
增 불을 …… 증
至 이를 …… 지
志 뜻 …… 지
支 지탱할 …… 지
指 손가락 …… 지
職 벼슬 …… 직
進 나아갈 …… 진
眞 참 …… 진

【ㅊ】

次 버금 …… 차
察 살필 …… 찰
創 비롯할 …… 창
處 살 …… 처
請 청할 …… 청
銃 총 …… 총
總 거느릴 …… 총
築 쌓을 …… 축
蓄 쌓을 …… 축
蟲 벌레 …… 충
忠 충성 …… 충
取 취할 …… 취
測 잴 …… 측
致 보낼 …… 치
置 둘 …… 치
齒 이 …… 치
治 다스릴 …… 치
侵 침노할 …… 침

【ㅋ】

快 쾌할 …… 쾌

【ㅌ】

態 모양 …… 태
統 거느릴 …… 통
退 물러날 …… 퇴

【ㅍ】

波 물결 …… 파
破 깨뜨릴 …… 파
砲 대포 …… 포
包 쌀 …… 포
布 베 …… 포
　베풀 …… 보
暴 사나울 …… 폭
　모질 …… 포
　불터질 …… 폭
票 표 …… 표
豊 풍성할 …… 풍

【ㅎ】

限 한계 …… 한
港 항구 …… 항
航 배 …… 항
解 풀 …… 해
香 향기 …… 향
鄕 시골 …… 향
虛 빌 …… 허
驗 시험 …… 험
賢 어질 …… 현
血 피 …… 혈
協 화할 …… 협
惠 은혜 …… 혜
好 좋을 …… 호
呼 부를 …… 호
護 보호할 …… 호
戶 집 …… 호
貨 재화 …… 화
確 굳을 …… 확
回 돌 …… 회
吸 마실 …… 흡
興 일 …… 흥
希 바랄 …… 희

4급(250자)

【ㄱ】

暇 겨를 …… 가
刻 새길 …… 각
覺 깨달을 …… 각
干 방패 …… 간
看 볼 …… 간
簡 대쪽 …… 간
甘 달 …… 감
敢 감히 …… 감
甲 갑옷 …… 갑
降 내릴 …… 강
　항복할 …… 항
更 고칠 …… 경

다시 …… 갱
巨 클 …… 거
居 살 …… 거
拒 막을 …… 거
據 근거 …… 거
傑 뛰어날 …… 걸
儉 검소할 …… 검
激 격할 …… 격
擊 칠 …… 격
犬 개 …… 견
堅 굳을 …… 견
傾 기울 …… 경
鏡 거울 …… 경
驚 놀랄 …… 경
系 이을 …… 계
戒 경계할 …… 계
季 계절 …… 계
階 섬돌 …… 계
繼 이을 …… 계
鷄 닭 …… 계
孤 외로울 …… 고
庫 곳집 …… 고
穀 곡식 …… 곡
困 괴로울 …… 곤
骨 뼈 …… 골
孔 구멍 …… 공
攻 칠 …… 공
管 피리 …… 관
鑛 쇳돌 …… 광

構 얽을 …… 구
君 임금 …… 군
群 무리 …… 군
屈 굽을 …… 굴
窮 다할 …… 궁
券 문서 …… 권
卷 책 …… 권
勸 권할 …… 권
歸 돌아갈 …… 귀
均 고를 …… 균
劇 심할 …… 극
筋 힘줄 …… 근
勤 부지런할 …… 근
奇 기이할 …… 기
紀 벼리 …… 기
寄 부칠 …… 기
機 틀 …… 기
納 바칠 …… 납
段 구분 …… 단
逃 달아날 …… 도
徒 무리 …… 도
盜 훔칠 …… 도
卵 알 …… 란
亂 어지러울 …… 란
覽 볼 …… 람
略 다스릴 …… 략
糧 양식 …… 량
慮 생각할 …… 려
烈 세찰 …… 렬

龍 용 …… 룡
柳 버들 …… 류
輪 바퀴 …… 륜
離 떠날 …… 리
妹 손아래누이 …… 매
勉 힘쓸 …… 면
鳴 울 …… 명
模 법 …… 모
妙 묘할 …… 묘
墓 무덤 …… 묘
舞 춤출 …… 무
拍 칠 …… 박
髮 터럭 …… 발
妨 방해할 …… 방
犯 범할 …… 범
範 법 …… 범
辯 말씀 …… 변
普 넓을 …… 보
伏 엎드릴 …… 복
複 겹칠 …… 복
否 아닐 …… 부
負 질 …… 부
粉 가루 …… 분
憤 분할 …… 분
批 칠 …… 비
秘 숨길 …… 비
碑 돌기둥 …… 비
私 사사로울 …… 사
射 쏠 …… 사

絲 실 …… 사
辭 말 …… 사
散 흩을 …… 산
象 코끼리 …… 상
傷 다칠 …… 상
宣 베풀 …… 선
舌 혀 …… 설
屬 무리 …… 속
損 덜 …… 손
松 소나무 …… 송
頌 칭송할 …… 송
秀 빼어날 …… 수
叔 아재비 …… 숙
肅 엄숙할 …… 숙
崇 높을 …… 숭
氏 각시 …… 씨
額 이마 …… 액
樣 모양 …… 양
嚴 엄할 …… 엄
與 더불/줄 …… 여
易 바꿀 …… 역
쉬울 …… 이
域 지경 …… 역
延 늘일 …… 연
鉛 납 …… 연
燃 탈 …… 연
緣 인연 …… 연
迎 맞을 …… 영
映 비출 …… 영

營 경영할 …… 영
豫 미리 …… 예
遇 만날 …… 우
郵 우편 …… 우
優 넉넉할 …… 우
怨 원망할 …… 원
援 도울 …… 원
源 근원 …… 원
危 위태할 …… 위
委 맡길 …… 위
威 위엄 …… 위
圍 에울 …… 위
慰 위로할 …… 위
乳 젖 …… 유
遊 놀 …… 유
遺 남길 …… 유
儒 선비 …… 유
隱 숨길 …… 은
依 의지할 …… 의
疑 의심할 …… 의
儀 거동 …… 의
異 다를 …… 이
仁 어질 …… 인
姉 손윗누이 …… 자
姿 맵시 …… 자
資 재물 …… 자
殘 남을 …… 잔
雜 섞일 …… 잡
壯 씩씩할 …… 장

裝 꾸밀 …… 장
帳 휘장 …… 장
張 베풀 …… 장
獎 권면할 …… 장
腸 창자 …… 장
底 밑 …… 저
賊 도둑 …… 적
適 맞을 …… 적
積 쌓을 …… 적
績 길쌈 …… 적
籍 문서 …… 적
專 오로지 …… 전
錢 돈 …… 전
轉 구를 …… 전
折 꺾을 …… 절
占 차지할 …… 점
點 점 …… 점
丁 네째천간 …… 정
整 가지런할 …… 정
靜 조용할 …… 정
帝 임금 …… 제
條 가지 …… 조
組 끈 …… 조
潮 조수 …… 조
存 있을 …… 존
從 좇을 …… 종
鍾 쇠북 …… 종
座 자리 …… 좌
朱 붉을 …… 주

周 두루 ··········· 주
酒 술 ··········· 주
證 증명할 ··········· 증
持 가질 ··········· 지
智 지혜 ··········· 지
誌 기록 ··········· 지
織 짤 ··········· 직
珍 보배 ··········· 진
陣 진칠 ··········· 진
盡 다할 ··········· 진
差 다를 ··········· 차
讚 기릴 ··········· 찬
採 캘 ··········· 채
冊 책 ··········· 책
泉 샘 ··········· 천
聽 들을 ··········· 청
廳 관청 ··········· 청
招 부를 ··········· 초
推 밀 ··········· 추
縮 줄일 ··········· 축
就 나아갈 ··········· 취
趣 뜻 ··········· 취
層 층 ··········· 층
針 바늘 ··········· 침
寢 잠잘 ··········· 침
稱 일컬을 ··········· 칭
彈 탄알 ··········· 탄
歎 탄식할 ··········· 탄
脫 벗을 ··········· 탈

探 찾을 ··········· 탐
擇 가릴 ··········· 택
討 칠 ··········· 토
痛 아플 ··········· 통
投 던질 ··········· 투
鬪 싸움 ··········· 투
派 갈래 ··········· 파
判 판단할 ··········· 판
篇 책 ··········· 편
評 평론할 ··········· 평
閉 닫을 ··········· 폐
胞 세포 ··········· 포
爆 터질 ··········· 폭
標 표할 ··········· 표
疲 피곤할 ··········· 피
避 피할 ··········· 피
恨 한할 ··········· 한
閑 한가할 ··········· 한
抗 겨룰 ··········· 항
核 씨 ··········· 핵
憲 법 ··········· 헌
險 험할 ··········· 험
革 가죽 ··········· 혁
顯 나타낼 ··········· 현
刑 형벌 ··········· 형
或 혹시 ··········· 혹
混 섞을 ··········· 혼
婚 혼인 ··········· 혼
紅 붉을 ··········· 홍

華 빛날 ··········· 화
環 고리 ··········· 환
歡 기쁠 ··········· 환
況 하물며 ··········· 황
灰 재 ··········· 회
厚 두터울 ··········· 후
候 기후 ··········· 후
揮 휘두를 ··········· 휘
喜 기쁠 ··········· 희

3급II(400자)

【ㄱ】

佳 아름다울 ··········· 가
脚 다리 ··········· 각
閣 누각 ··········· 각
刊 새길 ··········· 간
肝 간 ··········· 간
幹 줄기 ··········· 간
懇 간절할 ··········· 간
鑑 거울 ··········· 감
剛 굳셀 ··········· 강
綱 벼리 ··········· 강
介 끼일 ··········· 개
槪 대개 ··········· 개
距 떨어질 ··········· 거
乾 하늘 ··········· 건
劍 칼 ··········· 검

訣 이별할 …… 결
兼 겸할 …… 겸
謙 겸손할 …… 겸
耕 밭갈 …… 경
頃 이랑 …… 경
契 맺을 …… 계
啓 열 …… 계
械 기계 …… 계
溪 시내 …… 계
姑 시어미 …… 고
鼓 북 …… 고
稿 볏짚 …… 고
谷 골 …… 곡
哭 울 …… 곡
供 이바지 …… 공
恭 공손할 …… 공
貢 바칠 …… 공
恐 두려울 …… 공
誇 자랑할 …… 과
寡 적을 …… 과
冠 갓 …… 관
貫 꿸 …… 관
寬 너그러울 …… 관
慣 익숙할 …… 관
館 집 …… 관
怪 기이할 …… 괴
壞 무너질 …… 괴
巧 공교할 …… 교
較 비교 …… 교

久 오랠 …… 구
拘 묶을 …… 구
菊 국화 …… 국
弓 활 …… 궁
拳 주먹 …… 권
鬼 귀신 …… 귀
克 이길 …… 극
禽 날짐승 …… 금
琴 거문고 …… 금
錦 비단 …… 금
及 미칠 …… 급
企 바랄 …… 기
其 그 …… 기
祈 빌 …… 기
畿 경기 …… 기
緊 요긴할 …… 긴

【ㄴ】

諾 대답할 …… 낙
娘 아가씨 …… 낭
耐 견딜 …… 내
寧 편안할 …… 녕
奴 종 …… 노
腦 뇌 …… 뇌

【ㄷ】

茶 차 …… 다/차
丹 붉을 …… 단
旦 아침 …… 단
但 다만 …… 단
淡 맑을 …… 담

踏 밟을 …… 답
唐 당나라 …… 당
臺 집 …… 대
刀 칼 …… 도
途 길 …… 도
陶 질그릇 …… 도
突 갑자기 …… 돌

【ㄹ】

絡 이을 …… 락
蘭 난초 …… 란
欄 난간 …… 란
浪 물결 …… 랑
郎 사내 …… 랑
廊 사랑채 …… 랑
涼 서늘할 …… 량
勵 힘쓸 …… 려
曆 책력 …… 력
聯 연이을 …… 련
鍊 불릴 …… 련
戀 사모할 …… 련
嶺 고개 …… 령
靈 신령 …… 령
露 이슬 …… 로
爐 화로 …… 로
弄 희롱할 …… 롱
賴 의뢰할 …… 뢰
樓 다락 …… 루
倫 인륜 …… 륜
栗 밤 …… 률

率 비율 …… 률
거느릴 …… 솔
隆 높을 …… 륭
陵 언덕 …… 릉
裏 속 …… 리
履 밟을 …… 리
吏 관리 …… 리
臨 임할 …… 림

【ㅁ】

莫 말 …… 막
幕 장막 …… 막
漠 아득할 …… 막
妄 망령될 …… 망
梅 매화 …… 매
盲 소경 …… 맹
孟 맏 …… 맹
猛 사나울 …… 맹
盟 맹세 …… 맹
眠 잠잘 …… 면
綿 솜 …… 면
滅 멸할 …… 멸
銘 새길 …… 명
慕 사모할 …… 모
貌 모양 …… 모
謀 꾀할 …… 모
睦 화목할 …… 목
沒 빠질 …… 몰
夢 꿈 …… 몽
蒙 어두울 …… 몽
茂 무성할 …… 무
貿 무역할 …… 무
默 묵묵할 …… 묵
紋 무늬 …… 문
勿 말 …… 물
微 작을 …… 미

【ㅂ】

迫 핍박할 …… 박
薄 얇을 …… 박
般 일반 …… 반
飯 밥 …… 반
培 북돋울 …… 배
排 물리칠 …… 배
輩 무리 …… 배
伯 맏 …… 백
繁 번성할 …… 번
凡 무릇 …… 범
碧 푸를 …… 벽
丙 남녘 …… 병
補 기울 …… 보
腹 배 …… 복
封 봉할 …… 봉
峯 봉우리 …… 봉
逢 만날 …… 봉
付 줄 …… 부
符 부호 …… 부
附 붙을 …… 부
扶 도울 …… 부
浮 뜰 …… 부
簿 장부 …… 부
奔 달릴 …… 분
紛 어지러울 …… 분
奮 떨칠 …… 분
妃 왕비 …… 비
肥 살찔 …… 비
卑 낮을 …… 비
婢 계집종 …… 비

【ㅅ】

司 맡을 …… 사
沙 모래 …… 사
邪 간사할 …… 사
祀 제사 …… 사
詞 말 …… 사
森 수풀 …… 삼
尙 오히려 …… 상
喪 잃을 …… 상
詳 자세할 …… 상
裳 치마 …… 상
像 모양 …… 상
霜 서리 …… 상
雙 쌍 …… 쌍
索 찾을 …… 색
새끼줄 …… 삭
恕 용서할 …… 서
徐 천천할 …… 서
署 관청 …… 서
緖 실마리 …… 서
惜 아낄 …… 석

釋 풀 …… 석
旋 돌 …… 선
訴 호소할 …… 소
蘇 되살아날 …… 소
疏 트일 …… 소
刷 인쇄할 …… 쇄
衰 쇠할 …… 쇠
帥 장수 …… 수
殊 다를 …… 수
愁 근심 …… 수
需 쓸 …… 수
壽 목숨 …… 수
隨 따를 …… 수
輸 보낼 …… 수
獸 짐승 …… 수
淑 맑을 …… 숙
熟 익을 …… 숙
旬 열흘 …… 순
巡 돌 …… 순
瞬 눈깜짝할 …… 순
述 펼 …… 술
拾 주울 …… 습
襲 엄습할 …… 습
昇 오를 …… 승
乘 탈 …… 승
僧 중 …… 승
侍 모실 …… 시
飾 꾸밀 …… 식
愼 삼갈 …… 신
甚 심할 …… 심
審 살필 …… 심

【ㅇ】

我 나 …… 아
亞 버금 …… 아
阿 언덕 …… 아
雅 맑을 …… 아
岸 언덕 …… 안
顔 얼굴 …… 안
巖 바위 …… 암
央 가운데 …… 앙
仰 우러러볼 …… 앙
哀 슬플 …… 애
若 같을 …… 약
揚 날릴 …… 양
壤 땅 …… 양
讓 사양할 …… 양
御 거느릴 …… 어
抑 누를 …… 억
憶 생각 …… 억
亦 또 …… 역
役 부릴 …… 역
譯 번역할 …… 역
驛 역 …… 역
沿 따를 …… 연
宴 잔치 …… 연
軟 연할 …… 연
悅 기쁠 …… 열
染 물들일 …… 염
影 그림자 …… 영
譽 기릴 …… 예
烏 까마귀 …… 오
悟 깨달을 …… 오
獄 감옥 …… 옥
辱 욕될 …… 욕
欲 하고자할 …… 욕
慾 욕심 …… 욕
宇 집 …… 우
偶 짝 …… 우
愚 어리석을 …… 우
憂 근심 …… 우
韻 운 …… 운
越 넘을 …… 월
謂 이를 …… 위
幼 어릴 …… 유
柔 부드러울 …… 유
幽 그윽할 …… 유
悠 멀 …… 유
猶 오히려 …… 유
裕 넉넉할 …… 유
維 벼리 …… 유
誘 꾈 …… 유
潤 불을 …… 윤
乙 굽을 …… 을
已 이미 …… 이
翼 날개 …… 익
忍 참을 …… 인
逸 편안할 …… 일

壬 북방 ………… 임

【ㅈ】

慈 사랑 ………… 자
暫 잠깐 ………… 잠
潛 잠길 ………… 잠
丈 어른 ………… 장
莊 씩씩할 ………… 장
掌 손바닥 ………… 장
葬 장사지낼 ………… 장
粧 단장할 ………… 장
藏 감출 ………… 장
臟 오장 ………… 장
栽 심을 ………… 재
裁 옷마를 ………… 재
載 실을 ………… 재
抵 막을 ………… 저
著 나타날 ………… 저
寂 고요할 ………… 적
笛 피리 ………… 적
跡 발자취 ………… 적
摘 딸 ………… 적
蹟 자취 ………… 적
漸 점점 ………… 점
井 우물 ………… 정
廷 조정 ………… 정
征 칠 ………… 정
亭 정자 ………… 정
貞 곧을 ………… 정
頂 꼭대기 ………… 정
淨 깨끗할 ………… 정
齊 가지런할 ………… 제
諸 모든 ………… 제
兆 조 ………… 조
照 비칠 ………… 조
縱 세로 ………… 종
坐 앉을 ………… 좌
宙 집 ………… 주
洲 물가 ………… 주
柱 기둥 ………… 주
卽 곧 ………… 즉
症 증세 ………… 증
曾 일찍 ………… 증
蒸 찔 ………… 증
憎 미워할 ………… 증
之 갈 ………… 지
池 못 ………… 지
辰 용 ………… 진
振 떨칠 ………… 진
陳 베풀 ………… 진
鎭 진압할 ………… 진
疾 병 ………… 질
秩 차례 ………… 질
執 잡을 ………… 집
徵 부를 ………… 징

【ㅊ】

此 이 ………… 차
贊 도울 ………… 찬
昌 창성할 ………… 창
倉 곳집 ………… 창
蒼 푸를 ………… 창
菜 나물 ………… 채
彩 채색 ………… 채
策 꾀 ………… 책
妻 아내 ………… 처
尺 자 ………… 척
拓 넓힐 ………… 척
戚 친척 ………… 척
淺 얕을 ………… 천
踐 밟을 ………… 천
賤 천할 ………… 천
哲 밝을 ………… 철
徹 통할 ………… 철
肖 닮을 ………… 초
超 넘을 ………… 초
礎 주춧돌 ………… 초
促 재촉할 ………… 촉
觸 닿을 ………… 촉
催 재촉할 ………… 최
追 따를 ………… 추
衝 찌를 ………… 충
吹 불 ………… 취
醉 취할 ………… 취
側 곁 ………… 측
値 값 ………… 치
恥 부끄러울 ………… 치
稚 어릴 ………… 치
沈 잠길 ………… 침

【ㅌ】

塔 탑 …… 탑
殆 위태할 …… 태
泰 클 …… 태
澤 못 …… 택
兎 토끼 …… 토

【ㅍ】

版 조각 …… 판
片 조각 …… 편
肺 허파 …… 폐
弊 폐단 …… 폐
浦 개 …… 포
楓 단풍 …… 풍
皮 가죽 …… 피
彼 저 …… 피
被 입을 …… 피
畢 마칠 …… 필

【ㅎ】

何 어찌 …… 하
賀 하례할 …… 하
鶴 학 …… 학
割 벨 …… 할
含 머금을 …… 함
陷 빠질 …… 함
恒 항상 …… 항
項 항목 …… 항
響 울릴 …… 향
獻 드릴 …… 헌
玄 검을 …… 현
懸 매달 …… 현
脅 위협할 …… 협
慧 슬기로울 …… 혜
虎 범 …… 호
胡 오랑캐 …… 호
浩 넓을 …… 호
豪 호걸 …… 호
惑 미혹할 …… 혹
魂 넋 …… 혼
忽 갑자기 …… 홀
洪 넓을 …… 홍
禍 재앙 …… 화
換 바꿀 …… 환
還 돌아올 …… 환
皇 임금 …… 황
悔 뉘우칠 …… 회
懷 품을 …… 회
劃 그을 …… 획
獲 얻을 …… 획
橫 가로 …… 횡
稀 드물 …… 희
戲 탄식할 …… 희

3급(407자)

【ㄱ】

架 시렁 …… 가
却 물리칠 …… 각
姦 간사할 …… 간
渴 목마를 …… 갈
鋼 강철 …… 강
皆 다 …… 개
蓋 덮을 …… 개
慨 슬플 …… 개
乞 빌 …… 걸
隔 사이뜰 …… 격
肩 어깨 …… 견
牽 끌 …… 견
遣 보낼 …… 견
絹 비단 …… 견
庚 별 …… 경
徑 지름길 …… 경
竟 마침내 …… 경
卿 벼슬 …… 경
硬 굳을 …… 경
癸 천간 …… 계
桂 계수나무 …… 계
繫 맬 …… 계
枯 마를 …… 고
顧 돌아볼 …… 고
坤 땅 …… 곤
郭 둘레 …… 곽
狂 미칠 …… 광
掛 걸 …… 괘
塊 흙덩이 …… 괴
愧 부끄러울 …… 괴
郊 들 …… 교

矯 바로잡을 …… 교
丘 언덕 …… 구
苟 구차할 …… 구
狗 개 …… 구
俱 함께 …… 구
懼 두려울 …… 구
驅 몰 …… 구
龜 거북 …… 귀
틀 …… 균
厥 그 …… 궐
軌 수레바퀴 …… 궤
叫 부르짖을 …… 규
糾 얽힐 …… 규
菌 곰팡이 …… 균
斤 도끼 …… 근
僅 겨우 …… 근
謹 삼갈 …… 근
肯 즐길 …… 긍
忌 꺼릴 …… 기
豈 어찌 …… 기
飢 주릴 …… 기
旣 이미 …… 기
棄 버릴 …… 기
幾 몇 …… 기
欺 속일 …… 기
騎 말탈 …… 기

【ㄴ】

那 어찌 …… 나
乃 이에 …… 내
奈 어찌 …… 내
惱 번뇌할 …… 뇌
泥 진흙 …… 니

【ㄷ】

畓 논 …… 답
糖 엿 …… 당
貸 빌릴 …… 대
挑 돋울 …… 도
倒 거꾸러질 …… 도
桃 복숭아 …… 도
渡 건널 …… 도
塗 진흙 …… 도
跳 뛸 …… 도
稻 벼 …… 도
篤 도타울 …… 독
豚 돼지 …… 돈
敦 도타울 …… 돈
凍 얼 …… 동
屯 진칠 …… 둔
鈍 둔할 …… 둔
騰 오를 …… 등

【ㄹ】

濫 넘칠 …… 람
掠 노략질할 …… 략
梁 들보 …… 량
諒 살필 …… 량
蓮 연꽃 …… 련
憐 불쌍히여길 …… 련
劣 못할 …… 렬
裂 찢을 …… 렬
廉 청렴할 …… 렴
獵 사냥 …… 렵
零 떨어질 …… 령
隷 붙을 …… 례
鹿 사슴 …… 록
祿 복 …… 록
雷 천둥 …… 뢰
了 마칠 …… 료
僚 동료 …… 료
累 포갤 …… 루
淚 눈물 …… 루
屢 여러 …… 루
漏 샐 …… 루
梨 배 …… 리
隣 이웃 …… 린

【ㅁ】

麻 삼 …… 마
磨 갈 …… 마
晩 늦을 …… 만
慢 거만할 …… 만
漫 퍼질 …… 만
忙 바쁠 …… 망
忘 잊을 …… 망
罔 없을 …… 망
茫 아득할 …… 망
埋 묻을 …… 매
媒 중매 …… 매
麥 보리 …… 맥

免 면할 …… 면
冥 어두울 …… 명
某 아무 …… 모
侮 업신여길 …… 모
募 모을 …… 모
暮 저물 …… 모
冒 무릅쓸 …… 모
卯 토끼 …… 묘
苗 싹 …… 묘
廟 사당 …… 묘
戊 천간 …… 무
霧 안개 …… 무
墨 먹 …… 묵
尾 꼬리 …… 미
眉 눈썹 …… 미
迷 미혹할 …… 미
敏 민첩할 …… 민
憫 민망할 …… 민
蜜 꿀 …… 밀

【ㅂ】

泊 머무를 …… 박
伴 짝 …… 반
返 돌아올 …… 반
叛 배반할 …… 반
盤 쟁반 …… 반
拔 뺄 …… 발
芳 꽃다울 …… 방
邦 나라 …… 방
倣 모방할 …… 방
傍 곁 …… 방
杯 잔 …… 배
煩 번거러울 …… 번
飜 뒤칠 …… 번
辨 분별할 …… 변
屛 병풍 …… 병
竝 나란히 …… 병
譜 족보 …… 보
卜 점 …… 복
覆 덮을 …… 복
蜂 벌 …… 봉
鳳 봉황새 …… 봉
赴 다다를 …… 부
腐 썩을 …… 부
賦 구실 …… 부
墳 무덤 …… 분
拂 떨칠 …… 불
朋 벗 …… 붕
崩 무너질 …… 붕
賓 손 …… 빈
頻 자주 …… 빈
聘 부를 …… 빙

【ㅅ】

巳 뱀 …… 사
似 닮을 …… 사
捨 버릴 …… 사
蛇 뱀 …… 사
斜 비낄 …… 사
詐 속일 …… 사
斯 이 …… 사
賜 줄 …… 사
削 깎을 …… 삭
朔 초하루 …… 삭
桑 뽕나무 …… 상
祥 상서 …… 상
嘗 맛볼 …… 상
償 상줄 …… 상
塞 막힐 …… 색
변방 …… 새
庶 여러 …… 서
敍 펼 …… 서
暑 더위 …… 서
誓 맹세할 …… 서
逝 갈 …… 서
昔 옛 …… 석
析 쪼갤 …… 석
禪 봉선 …… 선
涉 건널 …… 섭
攝 다스릴 …… 섭
召 부를 …… 소
昭 밝을 …… 소
蔬 나물 …… 소
燒 불사를 …… 소
騷 떠들 …… 소
粟 조 …… 속
訟 송사할 …… 송
誦 욀 …… 송
鎖 자물쇠 …… 쇄

囚 가둘 ………… 수
垂 드리울 ……… 수
搜 찾을 ………… 수
須 모름지기 …… 수
遂 드디어 ……… 수
睡 졸음 ………… 수
誰 누구 ………… 수
雖 비록 ………… 수
孰 누구 ………… 숙
殉 따라죽을 …… 순
脣 입술 ………… 순
循 돌 …………… 순
戌 개 …………… 술
濕 젖을 ………… 습
矢 화살 ………… 시
辛 매울 ………… 신
伸 펼 …………… 신
晨 새벽 ………… 신
尋 찾을 ………… 심

【ㅇ】

牙 어금니 ……… 아
芽 싹 …………… 아
餓 주릴 ………… 아
岳 큰산 ………… 악
雁 기러기 ……… 안
謁 아뢸 ………… 알
押 누를 ………… 압
殃 재앙 ………… 앙
涯 물가 ………… 애
厄 재앙 ………… 액
也 어조사 ……… 야
耶 어조사 ……… 야
躍 뛸 …………… 약
楊 버들 ………… 양
於 어조사 ……… 어
焉 어찌 ………… 언
予 나 …………… 여
汝 너 …………… 여
余 나 …………… 여
輿 수레 ………… 여
疫 전염병 ……… 역
燕 제비 ………… 연
閱 볼 …………… 열
炎 불꽃 ………… 염
鹽 소금 ………… 염
泳 헤엄칠 ……… 영
詠 읊을 ………… 영
銳 날카로울 …… 예
汚 더러울 ……… 오
吾 나 …………… 오
娛 즐길 ………… 오
嗚 슬플 ………… 오
傲 거만할 ……… 오
翁 늙은이 ……… 옹
擁 낄 …………… 옹
瓦 기와 ………… 와
臥 누울 ………… 와
緩 늘어질 ……… 완
曰 말할 ………… 왈
畏 두려울 ……… 외
搖 흔들 ………… 요
遙 멀 …………… 요
腰 허리 ………… 요
庸 쓸 …………… 용
又 또 …………… 우
于 어조사 ……… 우
尤 더욱 ………… 우
羽 깃 …………… 우
云 이를 ………… 운
胃 밥통 ………… 위
違 어길 ………… 위
僞 거짓 ………… 위
緯 씨 …………… 위
酉 닭 …………… 유
唯 오직 ………… 유
惟 생각할 ……… 유
愈 나을 ………… 유
閏 윤달 ………… 윤
吟 읊을 ………… 음
淫 음란할 ……… 음
泣 울 …………… 읍
凝 엉길 ………… 응
矣 어조사 ……… 의
宜 마땅할 ……… 의
而 말이을 ……… 이
夷 오랑캐 ……… 이
姻 혼인 ………… 인

寅 범 …… 인
賃 품팔이 …… 임

【ㅈ】

刺 찌를 …… 자
玆 이 …… 자
恣 방자할 …… 자
紫 자주빛 …… 자
酌 따를 …… 작
爵 벼슬 …… 작
墻 담 …… 장
哉 어조사 …… 재
宰 재상 …… 재
滴 물방울 …… 적
殿 전각 …… 전
竊 훔칠 …… 절
蝶 나비 …… 접
訂 바로잡을 …… 정
堤 둑 …… 제
弔 조상할 …… 조
租 구실 …… 조
燥 마를 …… 조
拙 졸할 …… 졸
佐 도울 …… 좌
舟 배 …… 주
奏 아뢸 …… 주
株 그루 …… 주
珠 구슬 …… 주
鑄 쇠불릴 …… 주
俊 준걸 …… 준
遵 좇을 …… 준
仲 버금 …… 중
贈 줄 …… 증
只 다만 …… 지
枝 가지 …… 지
遲 더딜 …… 지
震 벼락 …… 진
姪 조카 …… 질
懲 징계할 …… 징

【ㅊ】

且 또 …… 차
借 빌 …… 차
捉 잡을 …… 착
錯 어긋날 …… 착
慘 참혹할 …… 참
慙 부끄러울 …… 참
暢 화창할 …… 창
債 빚 …… 채
斥 물리칠 …… 척
遷 옮길 …… 천
薦 천거할 …… 천
尖 뾰족할 …… 첨
添 더할 …… 첨
妾 첩 …… 첩
晴 갤 …… 청
逮 잡을 …… 체
替 바꿀 …… 체
遞 갈마들 …… 체
滯 막힐 …… 체
抄 베낄 …… 초
秒 분초 …… 초
燭 촛불 …… 촉
聰 귀밝을 …… 총
抽 뽑을 …… 추
醜 더러울 …… 추
丑 소 …… 축
畜 기를 …… 축
逐 좇을 …… 축
臭 냄새 …… 취
漆 옻 …… 칠
枕 베개 …… 침
浸 잠길 …… 침

【ㅌ】

妥 온당할 …… 타
墮 떨어질 …… 타
托 맡길 …… 탁
濁 흐릴 …… 탁
濯 씻을 …… 탁
誕 태어날 …… 탄
奪 빼앗을 …… 탈
貪 탐낼 …… 탐
湯 끓을 …… 탕
怠 게으를 …… 태
吐 토할 …… 토
透 통할 …… 투

【ㅍ】

頗 자못 …… 파
罷 파할 …… 파

播 뿌릴 ············ 파
把 잡을 ············ 파
販 팔 ················ 판
貝 조개 ············ 패
偏 치우칠 ········· 편
遍 두루 ············ 편
編 엮을 ············ 편
廢 폐할 ············ 폐
蔽 덮을 ············ 폐
幣 화폐 ············ 폐
抱 안을 ············ 포
捕 잡을 ············ 포
飽 배부를 ········· 포
幅 폭 ················ 폭
漂 떠돌 ············ 표
匹 짝 ················ 필

【ㅎ】

荷 연꽃 ············ 하
汗 땀 ················ 한
旱 가물 ············ 한
咸 다 ················ 함
巷 거리 ············ 항
亥 돼지 ············ 해
奚 어찌 ············ 해
該 그 ················ 해
享 누릴 ············ 향
軒 추녀 ············ 헌
絃 줄 ················ 현
弦 활시위 ········· 현
縣 고을 ············ 현
穴 구멍 ············ 혈
嫌 싫어할 ········· 혐
亨 형통할 ········· 형
螢 반딧불 ········· 형
衡 저울대 ········· 형
兮 어조사 ········· 혜
互 서로 ············ 호
乎 어조사 ········· 호
毫 터럭 ············ 호
昏 어두울 ········· 혼
弘 클 ················ 홍
鴻 기러기 ········· 홍
禾 벼 ················ 화
擴 넓힐 ············ 확
穫 거둘 ············ 확
丸 알 ················ 환
荒 거칠 ············ 황
曉 새벽 ············ 효
侯 제후 ············ 후
毁 헐 ················ 훼
輝 빛날 ············ 휘
携 이끌 ············ 휴
胸 가슴 ············ 흉

2급(543자)

【ㄱ】

柯 자루 ············ 가
軻 굴대 ············ 가
伽 절 ················ 가
迦 부처이름 ····· 가
賈 값 ················ 가
珏 쌍옥 ············ 각
杆 산뽕나무 ····· 간
艮 어긋날 ········· 간
葛 칡 ················ 갈
鞨 오랑캐이름 · 갈
憾 섭섭할 ········· 감
岬 곶 ················ 갑
鉀 갑옷 ············ 갑
岡 언덕 ············ 강
崗 언덕 ············ 강
彊 굳셀 ············ 강
疆 지경 ············ 강
姜 성 ················ 강
价 클/착할 ······· 개
塏 높은땅 ········· 개
坑 구덩이 ········· 갱
鍵 열쇠 ············ 건
杰 뛰어날 ········· 걸
桀 하왕이름 ····· 걸
甄 질그릇 ········· 견
炅 빛날 ············ 경

瓊 구슬 …… 경
璟 옥빛 …… 경
儆 경계할 …… 경
揭 높이들 …… 게
憩 쉴 …… 게
皐 언덕 …… 고
雇 품팔 …… 고
串 곶 …… 곶
戈 창 …… 과
瓜 오이 …… 과
菓 과자 …… 과
款 항목 …… 관
琯 옥피리 …… 관
傀 허수아비 …… 괴
槐 홰나무 …… 괴
絞 목맬 …… 교
僑 더부살이 …… 교
膠 아교 …… 교
歐 토할 …… 구
邱 언덕 …… 구
玖 옥돌 …… 구
購 살 …… 구
鷗 갈매기 …… 구
鞠 기를 …… 국
掘 팔 …… 굴
窟 굴 …… 굴
圈 우리 …… 권
闕 대궐 …… 궐
閨 안방 …… 규
圭 홀 …… 규
奎 별 …… 규
珪 홀 …… 규
揆 헤아릴 …… 규
槿 무궁화 …… 근
瑾 붉은옥 …… 근
兢 떨릴 …… 긍
棋 바둑 …… 기
箕 키 …… 기
淇 강이름 …… 기
琪 옥 …… 기
騏 준마 …… 기
麒 기린 …… 기
冀 바랄 …… 기
驥 천리마 …… 기
岐 갈림길 …… 기
沂 물이름 …… 기
琦 옥이름 …… 기
璣 구슬 …… 기
耆 늙은이 …… 기

【ㄴ】

濃 짙을 …… 농
尿 오줌 …… 뇨
尼 여승 …… 니
溺 빠질 …… 닉

【ㄷ】

湍 여울 …… 단
鍛 쇠불릴 …… 단
潭 못 …… 담
膽 쓸개 …… 담
塘 못 …… 당
垈 집터 …… 대
戴 일 …… 대
悳 큰/덕 …… 덕
燾 비칠 …… 도
悼 슬퍼할 …… 도
惇 도타울 …… 돈
燉 불빛 …… 돈
頓 조아릴 …… 돈
乭 이름 …… 돌
董 바를 …… 동
桐 오동나무 …… 동
棟 마룻대 …… 동
謄 베낄 …… 등
藤 등나무 …… 등
杜 막을 …… 두
鄧 나라이름 …… 등

【ㄹ】

裸 벗을 …… 라
洛 물이름 …… 락
爛 빛날 …… 란
藍 쪽 …… 람
拉 끌어갈 …… 랍
萊 명아주 …… 래
輛 수레 …… 량
樑 들보 …… 량
亮 밝을 …… 량
呂 법칙 …… 려

驪 검은말 …… 려
廬 오두막집 …… 려
漣 잔물결 …… 련
礪 숫돌 …… 려
煉 달굴 …… 련
濂 물이름 …… 렴
玲 옥소리 …… 령
醴 단술 …… 례
盧 밥그릇 …… 로
蘆 갈대 …… 로
鷺 해오라기 …… 로
魯 노나라 …… 로
籠 대바구니 …… 롱
療 병고칠 …… 료
遼 멀 …… 료
硫 유황 …… 류
謬 그릇될 …… 류
劉 죽일 …… 류
崙 산이름 …… 륜
楞 네모질 …… 릉
麟 기린 …… 린

【ㅁ】

摩 문지를 …… 마
魔 마귀 …… 마
痲 저릴 …… 마
膜 꺼풀 …… 막
灣 물굽이 …… 만
蠻 오랑캐 …… 만
娩 낳을 …… 만
靺 버선 …… 말
網 그물 …… 망
魅 매혹할 …… 매
枚 낱 …… 매
貊 북방종족 …… 맥
覓 찾을 …… 멱
俛 힘쓸 …… 면
冕 면류관 …… 면
沔 물이름 …… 면
蔑 업신여길 …… 멸
矛 창 …… 모
帽 모자 …… 모
謨 꾀할 …… 모
牟 성/보리 …… 모
茅 띠 …… 모
穆 화목할 …… 목
沐 머리감을 …… 목
昴 별이름 …… 묘
汶 물이름 …… 문
紊 어지러울 …… 문
閔 위문할 …… 민
彌 두루 …… 미
珉 옥돌 …… 민
旻 하늘 …… 민
旼 화할 …… 민
玟 옥돌 …… 민

【ㅂ】

舶 배 …… 박
搬 옮길 …… 반
磻 반계 …… 반
潘 뜨물 …… 반
鉢 바리때 …… 발
渤 바다이름 …… 발
龐 클 …… 방
紡 길쌈 …… 방
旁 곁 …… 방
俳 광대 …… 배
賠 물어줄 …… 배
裵 옷치렁거릴 · 배
柏 잣나무 …… 백
閥 문벌 …… 벌
筏 뗏목 …… 벌
汎 넓을 …… 범
范 성 …… 범
僻 궁벽할 …… 벽
卞 조급할 …… 변
倂 아우를 …… 병
甫 클 …… 보
輔 도울 …… 보
潽 끓을 …… 보
馥 향기 …… 복
蓬 쑥 …… 봉
俸 녹 …… 봉
縫 꿰맬 …… 봉
膚 살갗 …… 부
敷 펼 …… 부
釜 가마솥 …… 부
阜 언덕 …… 부

- 傅 스승 …… 부
- 芬 향기 …… 분
- 弗 아닐 …… 불
- 鵬 붕새 …… 붕
- 弁 고깔 …… 변
- 秉 잡을 …… 병
- 昺 밝을 …… 병
- 昞 밝을 …… 병
- 柄 자루 …… 병
- 炳 밝을 …… 병
- 丕 클 …… 비
- 毘 도울 …… 비
- 毖 삼갈 …… 비
- 匪 비적 …… 비
- 彬 빛날 …… 빈

【ㅅ】

- 泗 물이름 …… 사
- 唆 부추길 …… 사
- 赦 용서할 …… 사
- 飼 기를 …… 사
- 傘 우산 …… 산
- 酸 실 …… 산
- 蔘 삼 …… 삼
- 揷 꽂을 …… 삽
- 箱 상자 …… 상
- 庠 학교 …… 상
- 瑞 상서 …… 서
- 舒 펼 …… 서
- 碩 클 …… 석
- 奭 클 …… 석
- 錫 주석 …… 석
- 晳 밝을 …… 석
- 璿 옥 …… 선
- 瑄 도리옥 …… 선
- 璇 별이름 …… 선
- 繕 기울 …… 선
- 卨 사람이름 …… 설
- 薛 성 …… 설
- 蟾 두꺼비 …… 섬
- 陜 땅이름 …… 섬
- 暹 해가돋을 …… 섬
- 纖 가는 …… 섬
- 燮 불꽃 …… 섭
- 晟 밝을 …… 성
- 貰 세놓을 …… 세
- 紹 이을 …… 소
- 巢 새집 …… 소
- 邵 땅이름 …… 소
- 沼 늪 …… 소
- 宋 송나라 …… 송
- 洙 물가 …… 수
- 銖 무게단위 …… 수
- 隋 수나라 …… 수
- 洵 참으로 …… 순
- 珣 옥이름 …… 순
- 荀 풀이름 …… 순
- 淳 순박할 …… 순
- 盾 방패 …… 순
- 舜 순임금 …… 순
- 瑟 큰거문고 …… 슬
- 升 되 …… 승
- 繩 노끈 …… 승
- 柴 섶 …… 시
- 屍 주검 …… 시
- 殖 불릴 …… 식
- 湜 물맑을 …… 식
- 軾 수레앞턱 …… 식
- 腎 콩팥 …… 신
- 紳 띠 …… 신
- 瀋 즙낼 …… 심

【ㅇ】

- 握 쥘 …… 악
- 閼 막을 …… 알
- 癌 암 …… 암
- 鴨 오리 …… 압
- 礙 거리낄 …… 애
- 艾 쑥 …… 애
- 埃 티끌 …… 애
- 倻 땅이름 …… 야
- 惹 이끌 …… 야
- 孃 계집애 …… 양
- 襄 오를 …… 양
- 彦 선비 …… 언
- 硯 벼루 …… 연
- 衍 퍼질 …… 연
- 姸 고울 …… 연
- 淵 못 …… 연

閻 마을 ········ 염
厭 싫어할 ········ 염
燁 빛날 ········ 엽
瑩 밝을 ········ 영
暎 비칠 ········ 영
瑛 옥빛 ········ 영
盈 찰 ········ 영
睿 밝을 ········ 예
濊 종족이름 ········ 예
預 미리 ········ 예
芮 성 ········ 예
梧 오동나무 ········ 오
吳 오나라 ········ 오
墺 물가 ········ 오
鈺 보배 ········ 옥
沃 기름질 ········ 옥
穩 편안할 ········ 온
邕 막힐 ········ 옹
雍 화할 ········ 옹
甕 독 ········ 옹
莞 왕골 ········ 완
旺 왕성할 ········ 왕
汪 넓을 ········ 왕
倭 왜나라 ········ 왜
歪 비뚤 ········ 왜
妖 요망할 ········ 요
堯 요임금 ········ 요
熔 녹을 ········ 용
傭 품팔 ········ 용
耀 빛날 ········ 요
姚 예쁠 ········ 요
溶 녹을 ········ 용
瑢 패옥소리 ········ 용
鎔 쇠녹일 ········ 용
鏞 쇠북 ········ 용
佑 도울 ········ 우
祐 복 ········ 우
禹 성 ········ 우
郁 성할 ········ 욱
頊 삼갈 ········ 욱
旭 아침해 ········ 욱
昱 햇빛밝을 ········ 욱
煜 빛날 ········ 욱
芸 향기 ········ 운
蔚 고을이름 ········ 울
鬱 답답할 ········ 울
熊 곰 ········ 웅
瑗 구슬 ········ 원
媛 미인 ········ 원
苑 동산 ········ 원
袁 성 ········ 원
尉 벼슬 ········ 위
魏 성 ········ 위
渭 강이름 ········ 위
韋 가죽 ········ 위
兪 점점 ········ 유
楡 느릅나무 ········ 유
庾 곳집 ········ 유
踰 넘을 ········ 유
允 진실로 ········ 윤
尹 다스릴 ········ 윤
鈗 병기 ········ 윤
胤 자손 ········ 윤
融 녹을 ········ 융
殷 은나라 ········ 은
誾 온화할 ········ 은
垠 끝 ········ 은
鷹 매 ········ 응
珥 귀엣고리 ········ 이
伊 저 ········ 이
怡 기쁠 ········ 이
貳 두 ········ 이
翊 도울 ········ 익
刃 칼날 ········ 인
壹 한 ········ 일
鎰 무게이름 ········ 일
佾 춤 ········ 일
妊 아이밸 ········ 임

【ㅈ】

滋 불을 ········ 자
磁 자석 ········ 자
雌 암컷 ········ 자
諮 물을 ········ 자
蠶 누에 ········ 잠
庄 씩씩할 ········ 장
蔣 성/줄 ········ 장
獐 노루 ········ 장

璋 홀 …… 장
沮 막을 …… 저
甸 경기 …… 전
汀 물가 …… 정
楨 광나무 …… 정
禎 상서 …… 정
晶 수정 …… 정
珽 옥이름 …… 정
旌 기 …… 정
呈 드릴 …… 정
偵 염탐할 …… 정
艇 거룻배 …… 정
鄭 정나라 …… 정
鼎 솥 …… 정
劑 약제 …… 제
措 둘 …… 조
釣 낚시 …… 조
彫 새길 …… 조
曺 성 …… 조
趙 조나라 …… 조
祚 복 …… 조
綜 모을 …… 종
琮 서옥 …… 종
駐 머무를 …… 주
疇 밭두둑 …… 주
峻 높을 …… 준
駿 준마 …… 준
浚 깊을 …… 준
晙 밝을 …… 준
埈 높을 …… 준
濬 깊을 …… 준
准 승인할 …… 준
址 터 …… 지
芝 지초 …… 지
旨 뜻 …… 지
脂 기름 …… 지
稙 올벼 …… 직
稷 기장 …… 직
秦 진나라 …… 진
津 나루 …… 진
診 진찰할 …… 진
塵 티끌 …… 진
晋 나아갈 …… 진
窒 막힐 …… 질
輯 모을 …… 집

【ㅊ】

遮 가릴 …… 차
餐 밥 …… 찬
瓚 술그릇 …… 찬
鑽 끌 …… 찬
燦 빛날 …… 찬
璨 옥빛 …… 찬
札 편지 …… 찰
刹 절 …… 찰
斬 벨 …… 참
滄 큰바다 …… 창
彰 드러날 …… 창
昶 밝을 …… 창
敞 높을 …… 창
蔡 거북 …… 채
采 풍채 …… 채
埰 사패지 …… 채
悽 슬퍼할 …… 처
隻 외짝 …… 척
陟 오를 …… 척
釧 팔찌 …… 천
澈 맑을 …… 철
撤 거둘 …… 철
喆 밝을 …… 철
瞻 볼 …… 첨
諜 염탐할 …… 첩
締 맺을 …… 체
哨 망볼 …… 초
焦 탈 …… 초
楚 초나라 …… 초
蜀 나라이름 …… 촉
崔 높을 …… 최
趨 달아날 …… 추
鄒 추나라 …… 추
楸 가래 …… 추
軸 굴대 …… 축
蹴 찰 …… 축
椿 참죽나무 …… 춘
衷 속마음 …… 충
沖 빌 …… 충
聚 모을 …… 취
炊 불땔 …… 취

雉 꿩 …… 치
峙 우뚝솟을 …… 치

【ㅌ】

託 부탁할 …… 탁
琢 다듬을 …… 탁
灘 여울 …… 탄
耽 즐길 …… 탐
台 별 …… 태
胎 아이밸 …… 태
颱 태풍 …… 태
兌 기뻐할 …… 태

【ㅍ】

坡 고개 …… 파
阪 비탈 …… 판
覇 으뜸 …… 패
彭 성 …… 팽
扁 작을 …… 편
坪 들 …… 평
抛 던질 …… 포
怖 두려울 …… 포
鋪 문고리 …… 포
葡 포도 …… 포
鮑 절인물고기 …… 포
杓 북두자루 …… 표
馮 성 …… 풍
탈 …… 빙
弼 도울 …… 필
泌 스며흐를 …… 필
분비할 …… 비

【ㅎ】

虐 모질 …… 학
翰 편지 …… 한
邯 고을이름 …… 한
艦 싸움배 …… 함
陜 땅이름 …… 합
좁을 …… 협
亢 목 …… 항
沆 넓을 …… 항
杏 살구 …… 행
樺 자작나무 …… 화
赫 빛날 …… 혁
爀 불빛 …… 혁
峴 고개 …… 현
炫 빛날 …… 현
鉉 솥귀 …… 현
嫌 싫어할 …… 혐
峽 골짜기 …… 협
炯 빛날 …… 형
瀅 맑을 …… 형
馨 향기 …… 형
型 모형 …… 형
邢 나라이름 …… 형
濠 호주/해자 …… 호
壕 해자 …… 호
祜 복 …… 호
扈 따를 …… 호
昊 하늘 …… 호
鎬 호경 …… 호

晧 밝을 …… 호
皓 흴 …… 호
澔 흴 …… 호
酷 심할 …… 혹
泓 물깊을 …… 홍
嬅 탐스러울 …… 화
靴 신 …… 화
幻 헛보일 …… 환
煥 빛날 …… 환
桓 굳셀 …… 환
滑 미끄러질 …… 활
晃 밝을 …… 황
滉 물깊을 …… 황
廻 돌 …… 회
淮 강이름 …… 회
檜 노송나무 …… 회
后 임금 …… 후
喉 목구멍 …… 후
勳 공 …… 훈
熏 연기 …… 훈
壎 질나팔 …… 훈
薰 향풀 …… 훈
烋 아름다울 …… 휴
匈 오랑캐 …… 흉
徽 아름다울 …… 휘
欽 공경할 …… 흠
熙 빛날 …… 희
噫 탄식할 …… 희
姬 계집 …… 희

羲 황제이름 …… 희
禧 복 …… 희
嬉 아름다울 …… 희
熹 빛날 …… 희
憙 기뻐할 …… 희

1급(1150자)

【ㄱ】

哥 소리 …… 가
呵 꾸짖을 …… 가
苛 매울 …… 가
嘉 아름다울 …… 가
袈 가사 …… 가
駕 가마 …… 가
嫁 시집갈 …… 가
稼 심을 …… 가
殼 껍질 …… 각
恪 조심할 …… 각
澗 산골물 …… 간
癎 간질 …… 간
揀 가릴 …… 간
奸 간사할 …… 간
艱 어려울 …… 간
竿 장대 …… 간
諫 간할 …… 간
墾 개간할 …… 간
褐 굵은베옷 …… 갈
竭 다할 …… 갈
喝 외칠 …… 갈
柑 감자나무 …… 감
紺 감색 …… 감
疳 감질 …… 감
堪 견딜 …… 감
勘 헤아릴 …… 감
瞰 내려다볼 …… 감
閘 수문 …… 갑
匣 갑 …… 갑
慷 강개할 …… 강
糠 쌀겨 …… 강
薑 생강 …… 강
腔 빈속 …… 강
箇 낱 …… 개
漑 물댈 …… 개
芥 겨자 …… 개
愾 성낼 …… 개
凱 이길 …… 개
羹 국 …… 갱
醵 추렴할 …… 거/갹
倨 거만할 …… 거
渠 도랑 …… 거
腱 힘줄 …… 건
虔 정성 …… 건
巾 수건 …… 건
怯 겁낼 …… 겁
劫 위협할 …… 겁
긴세월 …… 겁
偈 쉴 …… 게
檄 격문 …… 격
覡 무당 …… 격
膈 명치 …… 격
鵑 두견새 …… 견
繭 고치 …… 견
譴 꾸짖을 …… 견
繭 누에고치 …… 견
訣 이별할 …… 결
梗 대개/막힐 …… 경
磬 경쇠 …… 경
鯨 고래 …… 경
憬 그리워할 …… 경
莖 줄기 …… 경
頸 목 …… 경
勁 굳셀 …… 경
脛 정강이 …… 경
痙 경련 …… 경
悸 두려울 …… 계
呱 울 …… 고
錮 땜질할 …… 고
痼 고질 …… 고
股 다리 …… 고
拷 칠 …… 고
叩 두드릴 …… 고
辜 허물 …… 고
袴 바지 …… 고
敲 두드릴 …… 고
膏 기름 …… 고

袴 바지 …… 고
梏 쇠고랑 …… 곡
鵠 고니 …… 곡
昆 형 …… 곤
棍 몽둥이 …… 곤
袞 곤룡포 …… 곤
汨 빠질 …… 골
拱 두손맞잡을 …… 공
鞏 묶을 …… 공
顆 낟알 …… 과
槨 덧널 …… 곽
廓 둘레 …… 곽
藿 콩잎 …… 곽
棺 널 …… 관
灌 물댈 …… 관
括 묶을 …… 괄
匡 바룰 …… 광
胱 오줌통 …… 광
壙 광 …… 광
曠 밝을 …… 광
卦 걸 …… 괘
罫 줄 …… 괘
乖 어그러질 …… 괴
拐 속일 …… 괴
魁 으뜸 …… 괴
轟 울릴 …… 굉
宏 클 …… 굉
肱 팔뚝 …… 굉
咬 새소리 …… 교

狡 교활할 …… 교
皎 달빛 …… 교
蛟 교룡 …… 교
喬 높을 …… 교
驕 교만할 …… 교
轎 가마 …… 교
嬌 아리따울 …… 교
攪 어지러울 …… 교
仇 원수 …… 구
鳩 비둘기 …… 구
枸 호깨나무 …… 구
鉤 갈고랑이 …… 구
駒 망아지 …… 구
灸 뜸 …… 구
垢 때 …… 구
臼 절구 …… 구
舅 시아비 …… 구
廐 마굿간 …… 구
寇 도둑 …… 구
矩 곱자 …… 구
溝 봇도랑 …… 구
嶇 험할 …… 구
謳 노래할 …… 구
嘔 토할 …… 구
毆 때릴 …… 구
軀 몸 …… 구
衢 네거리 …… 구
窘 막힐 …… 군
躬 몸 …… 궁

穹 하늘 …… 궁
倦 게으를 …… 권
捲 말 …… 권
眷 돌아볼 …… 권
顴 광대뼈 …… 관
蹶 넘어질 …… 궐
几 안석 …… 궤
机 책상 …… 궤
詭 속일 …… 궤
潰 무너질 …… 궤
櫃 함 …… 궤
硅 규소 …… 규
逵 한길 …… 규
窺 엿볼 …… 규
葵 해바라기 …… 규
橘 귤나무 …… 귤
剋 이길 …… 극
戟 창 …… 극
棘 멧대추나무 …… 극
隙 틈 …… 극
覲 뵐 …… 근
饉 흉년들 …… 근
衾 이불 …… 금
擒 사로잡을 …… 금
襟 옷깃 …… 금
扱 미칠 …… 급
汲 길을 …… 급
亘 걸칠 …… 긍
矜 자랑할 …… 긍

杞 나무이름 …… 기
伎 재주 …… 기
妓 기생 …… 기
肌 살 …… 기
畸 뙈기밭 …… 기
綺 비단 …… 기
崎 험할 …… 기
朞 돌 …… 기
嗜 즐길 …… 기
羈 굴레 …… 기
譏 나무랄 …… 기
拮 일할 …… 길
핍박할 …… 갈
喫 마실 …… 끽

【ㄴ】

拏 붙잡을 …… 나
拿 붙잡을 …… 나
懦 나약할 …… 나
儺 역귀쫓을 …… 나
煖 따뜻할 …… 난
涅 앙금흙 …… 날/녈
捏 이길 …… 날
捺 누를 …… 날
衲 기울 …… 납
囊 주머니 …… 낭
駑 둔할 …… 노
弩 쇠뇌 …… 노
膿 고름 …… 농
訥 말더듬을 …… 눌
紐 끈 …… 뉴(유)
匿 숨을 …… 닉

【ㄷ】

緞 비단 …… 단
蛋 새알 …… 단
簞 대광주리 …… 단
疸 황달 …… 달
撻 매질할 …… 달
痰 가래 …… 담
譚 이야기 …… 담
憺 편안할 …… 담
澹 담박할 …… 담
曇 흐릴 …… 담
遝 몰릴 …… 답
螳 사마귀 …… 당
棠 팥배나무 …… 당
撞 칠 …… 당
袋 자루 …… 대
鍍 도금할 …… 도
搗 찧을 …… 도
掉 흔들 …… 도
淘 일 …… 도
萄 포도 …… 도
屠 잡을 …… 도
濤 큰물결 …… 도
禱 빌 …… 도
滔 물넘칠 …… 도
蹈 밟을 …… 도
屠 죽일 …… 도
睹 볼 …… 도
賭 도박 …… 도
堵 담장 …… 도
禿 대머리 …… 독
瀆 도랑 …… 독
沌 어두울 …… 돈
疼 아플 …… 동
胴 몸통 …… 동
憧 그리워할 …… 동
瞳 눈동자 …… 동
痘 천연두 …… 두
兜 투구 …… 두
遁 달아날 …… 둔
臀 볼기 …… 둔
橙 등자나무 …… 등

【ㄹ】

螺 소라 …… 라
邏 순행할 …… 라
懶 게으를 …… 라
癩 문둥병 …… 라
烙 지질 …… 락
酪 유즙 …… 락
駱 낙타 …… 락
瀾 물결 …… 란
鸞 난새 …… 란
剌 어그러질 …… 랄
辣 매울 …… 랄
籃 바구니 …… 람
臘 납향 …… 랍

蠟 밀 …… 랍
狼 이리 …… 랑
倆 재주 …… 량
梁 들보 …… 량
侶 짝 …… 려
閭 마을 …… 려
戾 어그러질 …… 려
黎 검을 …… 려
濾 거를 …… 려
瀝 거를 …… 력
礫 조약돌 …… 력
輦 손수레 …… 련
簾 발 …… 렴
斂 거둘 …… 렴
殮 염할 …… 렴
囹 감옥 …… 령
鈴 방울 …… 령
齡 나이 …… 령
逞 굳셀 …… 령
撈 잡을 …… 로
虜 포로 …… 로
擄 사로잡을 …… 로
麓 산기슭 …… 록
碌 돌모양 …… 록
壟 언덕 …… 롱
瓏 옥소리 …… 롱
牢 우리 …… 뢰
賂 뇌물줄 …… 뢰
磊 돌무더기 …… 뢰

儡 영락할 …… 뢰
寮 벼슬아치 …… 료
燎 화톳불 …… 료
瞭 밝을 …… 료
廖 공허할 …… 료
聊 귀 울 …… 료
陋 좁을 …… 루
壘 진 …… 루
溜 물방울 …… 류
瘤 혹 …… 류
琉 유리 …… 류
戮 죽일 …… 륙
淪 물놀이 …… 륜
綸 낚싯줄 …… 륜
慄 두려워할 …… 률
肋 갈비 …… 륵
勒 굴레 …… 륵
凜 찰 …… 름
菱 마름 …… 릉
凌 능가할 …… 릉
綾 비단 …… 릉
稜 서슬 …… 릉
悧 영리할 …… 리
痢 설사 …… 리
俚 속될 …… 리
厘 리 …… 리
裡 속 …… 리
罹 근심 …… 리
籬 울타리 …… 리

吝 아낄 …… 린
燐 도깨비불 …… 린
鱗 비늘 …… 린
躪 짓밟을 …… 린
淋 물뿌릴 …… 림
粒 알 …… 립
笠 우리 …… 립

【ㅁ】

寞 쓸쓸할 …… 막
卍 만자 …… 만
挽 당길 …… 만
輓 끌 …… 만
瞞 속일 …… 만
蔓 덩굴 …… 만
饅 만두 …… 만
鰻 뱀장어 …… 만
彎 굽을 …… 만
抹 바를 …… 말
沫 거품 …… 말
襪 버선 …… 말
芒 까끄라기 …… 망
惘 멍할 …… 망
呆 어리석을 …… 매
昧 새벽 …… 매
寐 잠잘 …… 매
煤 그을음 …… 매
罵 욕할 …… 매
邁 갈 …… 매
萌 싹 …… 맹

棉 목화 …… 면
眄 애꾸눈 …… 면
緬 가는 실 …… 면
麵 밀가루 …… 면
皿 그릇 …… 명
酩 술 취할 …… 명
暝 어두울 …… 명
溟 어두울 …… 명
螟 마디충 …… 명
袂 소매 …… 몌
耗 줄 …… 모
牡 수컷 …… 모
冒 무릅쓸 …… 모
摸 찾을 …… 모
糢 모범 …… 모
沒 가라앉을 …… 몰
杳 어두울 …… 묘
描 그릴 …… 묘
猫 고양이 …… 묘
渺 아득할 …… 묘
毋 말 …… 무
拇 엄지손가락 · 무
巫 무당 …… 무
誣 무고할 …… 무
畝 이랑 …… 무/묘
撫 어루만질 …… 무
憮 어루만질 …… 무
蕪 거칠어질 …… 무
紋 무늬 …… 문
蚊 모기 …… 문
媚 아첨할 …… 미
靡 쓰러질 …… 미
悶 번민할 …… 민
謐 고요할 …… 밀

【ㅂ】

粕 지게미 …… 박
珀 호박 …… 박
箔 발 …… 박
撲 때릴 …… 박
樸 통나무 …… 박
剝 벗길 …… 박
駁 얼룩말 …… 박
搏 칠 …… 박
膊 포 …… 박
縛 묶을 …… 박
絆 줄 …… 반
畔 두둑 …… 반
拌 버릴 …… 반
斑 얼룩 …… 반
攀 잡을 …… 반
礬 명반 …… 반
蟠 서릴 …… 반
頒 나눌 …… 반
槃 소반 …… 반
潑 활발할 …… 발
撥 퉁길 …… 발
醱 술 익을 …… 발
魃 가뭄귀신 …… 발
跋 밟을 …… 발
勃 발끈할 …… 발
坊 동네 …… 방
昉 마침 …… 방
枋 다목 …… 방
肪 기름 …… 방
彷 거닐 …… 방
榜 방붙일 …… 방
膀 오줌통 …… 방
謗 헐뜯을 …… 방
幇 도울 …… 방
尨 삽살개/큰 …… 방
陪 북돋울 …… 배
胚 아이밸 …… 배
湃 물결칠 …… 배
徘 노닐 …… 배
帛 비단 …… 백
魄 넋 …… 백
蕃 우거질 …… 번
藩 울타리 …… 번
泛 뜰/널리 …… 범
氾 넘칠 …… 범
帆 돛 …… 범
梵 범어 …… 범
闢 열 …… 벽
癖 버릇/적취 …… 벽
劈 쪼갤 …… 벽
擘 엄지손가락 · 벽
璧 둥근옥 …… 벽

鱉 금계 ………… 별
瞥 언뜻 볼 …… 별
餠 떡 ………… 병
甁 병 ………… 병
堡 작은성 …… 보
菩 보리수 …… 보
洑 나루 ………… 보
스며흐를 …… 복
匐 길 ………… 복
輻 바퀫살 …… 복
僕 종 ………… 복
鰒 전복 ………… 복
捧 받들 ………… 봉
棒 몽둥이 …… 봉
烽 봉화 ………… 봉
鋒 칼끝 ………… 봉
剖 쪼갤 ………… 부
芙 부용 ………… 부
孵 알깔 ………… 부
訃 부고 ………… 부
埠 선창 ………… 부
咐 분부할 …… 부
駙 곁말 ………… 부
俯 굽어볼 …… 부
腑 육부 ………… 부
賻 부의 ………… 부
斧 도끼 ………… 부
噴 뿜을 ………… 분
焚 불사를 …… 분

糞 똥 ………… 분
雰 안개 ………… 분
盆 동이 ………… 분
忿 성낼 ………… 분
扮 꾸밀 ………… 분
吩 분부할 …… 분
彿 비슷할 …… 불
棚 선반 ………… 붕
硼 붕사 ………… 붕
繃 묶을 ………… 붕
匕 비수 ………… 비
秕 쭉정이 …… 비
砒 비상 ………… 비
妣 죽은어미 …… 비
琵 비파 ………… 비
庇 덮을 ………… 비
沸 끓을 ………… 비
憊 고달플 …… 비
脾 비위 ………… 비
裨 도울 ………… 비
痺 저릴 ………… 비
譬 비유할 …… 비
臂 팔뚝 ………… 비
鄙 더러울 …… 비
扉 문짝 ………… 비
蜚 날 ………… 비
翡 물총새 …… 비
緋 비단 ………… 비
誹 비방할 …… 비

濱 물가 ………… 빈
嬪 궁녀 ………… 빈
殯 빈소 ………… 빈
嚬 찌푸릴 …… 빈
瀕 물가 ………… 빈
憑 기댈 ………… 빙

【ㅅ】

些 적을 ………… 사
瀉 쏟을 ………… 사
祠 사당 ………… 사
嗣 대이을 …… 사
麝 사향노루 …… 사
獅 사자 ………… 사
紗 깁 ………… 사
奢 사치 ………… 사
徙 옮길 ………… 사
娑 춤출 ………… 사
蓑 도롱이 …… 사
刪 깎을 ………… 산
珊 산호 ………… 산
疝 산증 ………… 산
薩 보살 ………… 살
撒 뿌릴 ………… 살
煞 죽일 ………… 살
滲 스밀 ………… 삼
澁 떫을 ………… 삽
翔 날 ………… 상
爽 시원할 …… 상
孀 과부 ………… 상

觴 잔 …… 상
璽 옥새 …… 새
嗇 아낄 …… 색
牲 희생 …… 생
甥 생질 …… 생
鼠 쥐 …… 서
黍 기장 …… 서
抒 토로할 …… 서
棲 깃들일 …… 서
曙 새벽 …… 서
薯 참마 …… 서
犀 무소 …… 서
嶼 작은섬 …… 서
胥 서로 …… 서
逝 갈 …… 서
婿 사위 …… 서
潟 개펄 …… 석
扇 부채 …… 선
煽 부추길 …… 선
腺 샘 …… 선
羨 부러울 …… 선
銑 끌/무쇠 …… 선
渫 치울 …… 설
洩 샐 …… 설
泄 샐 …… 설
屑 가루 …… 설
閃 번쩍할 …… 섬
殲 다 죽일 …… 섬
醒 깰 …… 성

逍 거닐 …… 소
宵 밤 …… 소
甦 소생할 …… 소
簫 퉁소 …… 소
蕭 대쑥 …… 소
塑 토우 …… 소
遡 거스를 …… 소
梳 빗 …… 소
疏 트일 …… 소
搔 긁을 …… 소
瘙 종기 …… 소
贖 재물바칠 …… 속
遜 겸손할 …… 손
悚 두려워할 …… 송
碎 부술 …… 쇄
灑 뿌릴 …… 쇄
戍 지킬 …… 수
袖 소매 …… 수
髓 골수 …… 수
蒐 모을 …… 수
羞 부끄러울 …… 수
粹 순수할 …… 수
嫂 형수 …… 수
瘦 파리할 …… 수
酬 갚을 …… 수
讐 원수 …… 수
穗 이삭 …… 수
狩 사냥 …… 수
繡 수놓을 …… 수

竪 더벅머리 …… 수
夙 일찍 …… 숙
菽 콩 …… 숙
塾 글방 …… 숙
筍 죽순 …… 순
醇 진한 술 …… 순
馴 길들 …… 순
膝 무릎 …… 슬
丞 도울 …… 승
柿 감나무 …… 시
匙 숟가락 …… 시
豺 승냥이 …… 시
猜 새암할 …… 시
媤 시집 …… 시
弑 죽일 …… 시
諡 시호 …… 시
拭 닦을 …… 식
蝕 좀먹을 …… 식
熄 꺼질 …… 식
迅 빠를 …… 신
訊 물을 …… 신
呻 끙끙거릴 …… 신
薪 섶나무 …… 신
宸 집 …… 신
娠 아이밸 …… 신
燼 깜부기불 …… 신
悉 다 …… 실

【ㅇ】

啞 벙어리 …… 아
訝 맞을 …… 아
衙 마을 …… 아
堊 백토 …… 악
愕 놀랄 …… 악
顎 턱 …… 악
按 누를 …… 안
晏 늦을 …… 안
鞍 안장 …… 안
軋 삐걱거릴 …… 알
斡 관리할 …… 알
庵 암자 …… 암
闇 닫힌문 …… 암
秧 모 …… 앙
鴦 원앙 …… 앙
昂 오를 …… 앙
崖 벼랑 …… 애
曖 가릴 …… 애
隘 좁을 …… 애
靄 아지랭이 …… 애
扼 누를 …… 액
腋 겨드랑이 …… 액
縊 목맬 …… 액
鶯 꾀꼬리 …… 앵
冶 불릴 …… 야
揶 희롱할 …… 야
爺 아비 …… 야
葯 구리때 …… 약
癢 가려울 …… 양
瘍 종기 …… 양
攘 물리칠 …… 양
釀 빚을 …… 양
瘀 병 …… 어
圄 옥 …… 어
禦 막을 …… 어
臆 가슴 …… 억
諺 상말 …… 언
堰 방죽 …… 언
奄 가릴 …… 엄
俺 나/클 …… 엄
掩 가릴 …… 엄
儼 의젓할 …… 엄
繹 풀어낼 …… 역
筵 대자리 …… 연
捐 버릴 …… 연
撚 비틀 …… 연
椽 서까래 …… 연
鳶 솔개 …… 연
焰 불꽃 …… 염
艶 고울 …… 염
瑩 밝을 …… 영
嬰 갓난아이 …… 영
曳 끌 …… 예
裔 후손 …… 예
隷 종/서체 …… 예
穢 더러울 …… 예
詣 이를 …… 예
伍 대오 …… 오
寤 깰 …… 오
奧 속 …… 오
懊 물가 …… 오
蘊 쌓을 …… 온
壅 막을 …… 옹
訛 그릇될 …… 와
渦 소용돌이 …… 와
蝸 달팽이 …… 와
蛙 개구리 …… 와
捖 꺾을 …… 완
阮 성/이름 …… 완
頑 완고할 …… 완
宛 굽을 …… 완
婉 순할 …… 완
腕 팔 …… 완
枉 굽을 …… 왕
矮 키 작을 …… 왜
猥 함부로 …… 외
巍 높을 …… 외
夭 어릴 …… 요
窈 그윽할 …… 요
窯 가마 …… 요
邀 맞이할 …… 요
僥 요행 …… 요
撓 어지러울 …… 요
饒 넉넉할 …… 요
擾 어지러울 …… 요
凹 오목할 …… 요

踊 뛸 …… 용

涌 샘솟을 …… 용

聳 솟을 …… 용

蓉 연꽃 …… 용

茸 녹용 …… 용

寓 머무를 …… 우

隅 모퉁이 …… 우

嵎 산모롱이 …… 우

虞 염려할 …… 우

迂 돌아갈 …… 우

耘 김맬 …… 운

隕 떨어질 …… 운

殞 죽을 …… 운

寃 원통할 …… 원

猿 원숭이 …… 원

鴛 원앙새 …… 원

寃(冤) 원통할 …… 원

萎 마를 …… 위

柚 유자나무 …… 유

宥 용서할 …… 유

蹂 밟을 …… 유

愉 즐거울 …… 유

揄 끌 …… 유

諭 깨우칠 …… 유

喩 비유할 …… 유

鍮 놋쇠 …… 유

癒 병나을 …… 유

諛 아첨할 …… 유

游 헤엄칠 …… 유

戎 무기 …… 융

絨 융 …… 융

蔭 그늘 …… 음

揖 읍 …… 읍

膺 가슴 …… 응

誼 의좋을 …… 의

椅 의나무 …… 의

擬 헤아릴 …… 의

毅 굳셀 …… 의

餌 먹이 …… 이

弛 늦출 …… 이

姨 이모 …… 이

痍 상처 …… 이

翌 다음날 …… 익

靭(靱) 질길 …… 인

蚓 지렁이 …… 인

咽 목구멍 …… 인

湮 잠길 …… 인

佚 편안할 …… 일

溢 넘칠 …… 일

孕 아이 밸 …… 잉

剩 남을 …… 잉

【ㅈ】

仔 자세할 …… 자

藉 깔개 …… 자

炙 구울 …… 자

煮 삶을 …… 자

疵 흠집 …… 자

蔗 사탕수수 …… 자

瓷 도자기 …… 자

炸 터질 …… 작

綽 너그러울 …… 작

嚼 씹을 …… 작

雀 참새 …… 작

鵲 까치 …… 작

勺 구기 …… 작

灼 사를 …… 작

芍 작약 …… 작

綽 너그로울 …… 작

嚼 씹을 …… 작

盞 술잔 …… 잔

棧 잔도 …… 잔

簪 비녀 …… 잠

箴 바늘 …… 잠

檣 돛대 …… 장

薔 장미 …… 장

匠 장인 …… 장

漿 미음 …… 장

醬 장/젓갈 …… 장

仗 무기 …… 장

杖 지팡이 …… 장

滓 찌꺼기 …… 재

齋 재계할 …… 재

錚 쇳소리 …… 쟁

邸 큰집 …… 저

觝 닥뜨릴 …… 저

咀 씹을 …… 저

狙 엿볼 …… 저

詛 저주할 ········ 저
箸 젓가락 ········ 저
猪 돼지 ··········· 저
躇 머뭇거릴 ····· 저
嫡 정실 ··········· 적
謫 귀양갈 ········ 적
迹 자취 ··········· 적
狄 오랑캐 ········ 적
顫 떨릴 ··········· 전
氈 모전 ··········· 전
篆 전자 ··········· 전
輾 돌아누울 ····· 전
澱 앙금 ··········· 전
塡 메울 ··········· 전
箋 글/쪽지 ······ 전
餞 전별할 ········ 전
煎 달일 ··········· 전
箭 화살 ··········· 전
剪 가위 ··········· 전
奠 제물올릴 ····· 전
栓 나무못 ········ 전
銓 저울 ··········· 전
顫 떨릴 ··········· 전
顚 넘어질 ········ 전
癲 미칠 ··········· 전
悛 고칠 ··········· 전
廛 가게 ··········· 전
纏 얽을 ··········· 전
截 끊을 ··········· 절
粘 끈끈할 ········ 점
霑 젖을 ··········· 점
町 밭두둑 ········ 정
酊 술취할 ········ 정
釘 못 ··············· 정
穽 함정 ··········· 정
挺 뺄 ··············· 정
睛 눈동자 ········ 정
靖 편안할 ········ 정
錠 제기이름 ····· 정
碇 닻 ··············· 정
幀 그림/족자 ···· 정
梯 사다리 ········ 제
悌 공경할 ········ 제
蹄 발굽 ··········· 제
啼 울 ··············· 제
爪 손톱 ··········· 조
凋 시들 ··········· 조
稠 빽빽할 ········ 조
詔 조서 ··········· 조
眺 바라볼 ········ 조
棗 대추 ··········· 조
藻 조류 ··········· 조
繰 고치켤 ········ 조
躁 밟을 ··········· 조
嘲 비웃을 ········ 조
粗 거칠 ··········· 조
阻 험할 ··········· 조
曹 마을 ··········· 조
漕 배저을 ········ 조
槽 구유/통 ······ 조
糟 지게미 ········ 조
遭 만날 ··········· 조
肇 시작할 ········ 조
簇 모일 ··········· 족
猝 갑자기 ········ 졸
腫 부스럼 ········ 종
踵 발꿈치 ········ 종
鍾 종 ··············· 종
慫 권할 ··········· 종
踪 자취 ··········· 종
挫 꺾을 ··········· 좌
躊 머뭇거릴 ····· 주
紬 명주 ··········· 주
紂 임금이름 ····· 주
廚 부엌 ··········· 주
做 지을 ··········· 주
輳 모일 ··········· 주
呪 저주할 ········ 주
註 주낼 ··········· 주
誅 벨 ··············· 주
胄 투구 ··········· 주
樽 술통 ··········· 준
蠢 꿈틀거릴 ····· 준
竣 마칠 ··········· 준
櫛 빗 ··············· 즐
汁 즙 ··············· 즙
葺 기울 ······ 즙/집

枳 탱자 …… 지
咫 길이 …… 지
肢 팔다리 …… 지
祉 복 …… 지
摯 잡을 …… 지
嗔 성낼 …… 진
疹 홍역 …… 진
叱 꾸짖을 …… 질
桎 차꼬 …… 질
膣 음부 …… 질
嫉 질투 …… 질
跌 넘어질 …… 질
帙 책 …… 질
迭 갈마들 …… 질
斟 술따를 …… 짐
朕 나 …… 짐
什 세간 …… 집
열 사람 …… 십
澄 맑을 …… 징

【ㅊ】

叉 깍지낄 …… 차
嗟 탄식할 …… 차
蹉 넘어질 …… 차
窄 좁을 …… 착
搾 짤 …… 착
鑿 뚫을 …… 착
饌 반찬 …… 찬
撰 지을 …… 찬
簒 빼앗을 …… 찬
纂 모을 …… 찬
塹 구덩이 …… 참
僭 참람할 …… 참
站 역마을 …… 참
讒 모함할 …… 참
讖 예언서 …… 참
懺 뉘우칠 …… 참
廠 헛간 …… 창
脹 배부를 …… 창
漲 불을 …… 창
瘡 부스럼 …… 창
槍 창 …… 창
愴 슬퍼할 …… 창
艙 선창 …… 창
菖 창포 …… 창
娼 창녀 …… 창
倡 광대 …… 창
猖 미칠 …… 창
寨 울창 …… 채
柵 울타리 …… 책
凄 쓸쓸할 …… 처
脊 척추 …… 척
瘠 메마를 …… 척
滌 씻을 …… 척
擲 던질 …… 척
擅 천단 …… 천
穿 뚫을 …… 천
喘 헐떡일 …… 천
闡 열/밝힐 …… 천
轍 바퀴자국 …… 철
凸 볼록할 …… 철
綴 꿰맬 …… 철
僉 모두 …… 첨
諂 아첨할 …… 첨
籤 제비 …… 첨
疊 거듭 …… 첩
貼 붙을 …… 첩
帖 문서 …… 첩
牒 편지 …… 첩
捷 민첩할 …… 첩
涕 눈물 …… 체
諦 살필 …… 체
醋 식초 …… 초
貂 담비 …… 초
炒 볶을 …… 초
蕉 파초 …… 초
憔 파리할 …… 초
礁 암초 …… 초
樵 땔나무 …… 초
梢 나무끝 …… 초
硝 초석 …… 초
稍 벼줄기 …… 초
囑 부탁할 …… 촉
忖 헤아릴 …… 촌
塚 무덤 …… 총
叢 모일 …… 총
寵 사랑할 …… 총
撮 취할 …… 촬

鎚 쇠망치 …… 추
錐 송곳 …… 추
椎 몽치 …… 추
酋 두목 …… 추
鰍 미꾸라지 …… 추
錘 저울 …… 추
樞 지도리 …… 추
墜 떨어질 …… 추
芻 꼴 …… 추
黜 물리칠 …… 출
悴 파리할 …… 췌
萃 모을 …… 췌
膵 췌장 …… 췌
贅 군더더기 …… 췌
翠 물총새 …… 취
脆 무를 …… 취
娶 장가들 …… 취
惻 슬퍼할 …… 측
馳 달릴 …… 치
痔 치질 …… 치
痴 어리석을 …… 치
侈 사치할 …… 치
熾 성할 …… 치
幟 깃발 …… 치
嗤 비웃을 …… 치
緻 빽빽할 …… 치
勅 조서 …… 칙
砧 다듬잇돌 …… 침
鍼 침 …… 침
蟄 숨을 …… 칩
秤 저울 …… 칭

【ㅌ】

惰 게으를 …… 타
楕 길쭉할 …… 타
駝 낙타 …… 타
舵 키 …… 타
陀 비탈질 …… 타
唾 침 …… 타
鐸 방울 …… 탁
擢 뽑을 …… 탁
綻 옷터질 …… 탄
憚 꺼릴 …… 탄
坦 평탄할 …… 탄
呑 삼킬 …… 탄
眈 노려볼 …… 탐
搭 탈 …… 탑
蕩 방탕할 …… 탕
宕 방탕할 …… 탕
汰 씻을 …… 태
笞 볼기칠 …… 태
苔 이끼 …… 태
跆 밟을 …… 태
撑 버팀목 …… 탱
攄 펼 …… 터
筒 대롱 …… 통
桶 통 …… 통
慟 애통할 …… 통
頹 무너질 …… 퇴
腿 넓적다리 …… 퇴
褪 바랠 …… 퇴
槌 망치 …… 퇴/추
堆 쌓을 …… 퇴
套 외투 …… 투
妬 질투 …… 투
慝 악할 …… 특

【ㅍ】

跛 절뚝거릴 …… 파
婆 할미 …… 파
巴 뱀 …… 파
爬 긁을 …… 파
芭 파초 …… 파
琶 비파 …… 파
愎 괴팍할 …… 퍅
辦 힘쓸 …… 판
悖 어그러질 …… 패
沛 늪 …… 패
佩 찰 …… 패
唄 찬불 …… 패
牌 문패 …… 패
稗 피 …… 패
澎 물결 …… 팽
膨 부풀 …… 팽
烹 삶을 …… 팽
騙 속일 …… 편
鞭 채찍 …… 편
貶 떨어뜨릴 …… 폄
萍 부평초 …… 평

斃 넘어질 …… 폐
陛 섬돌 …… 폐
褒 기릴 …… 포
匍 길 …… 포
逋 달아날 …… 포
蒲 부들 …… 포
圃 밭 …… 포
哺 먹일 …… 포
脯 포 …… 포
庖 부엌 …… 포
咆 으르렁거릴 · 포
泡 거품 …… 포
疱 천연두 …… 포
袍 도포 …… 포
瀑 폭포 …… 폭
曝 햇볕쬘 …… 폭
慓 날랠 …… 표
剽 겁박할 …… 표
飄 나부낄 …… 표
稟 받을 …… 품
諷 욀 …… 풍
披 펼칠 …… 피
疋 필 …… 필
발 …… 소
逼 닥칠 …… 핍
乏 가난할 …… 핍

【ㅎ】

霞 노을 …… 하
瑕 티 …… 하
蝦 새우 …… 하
遐 멀 …… 하
謔 웃길 …… 학
壑 골짜기 …… 학
瘧 학질 …… 학
澣 옷빨래 …… 한
罕 드물 …… 한
悍 사나울 …… 한
轄 비녀장 …… 할
函 상자 …… 함
涵 젖을 …… 함
檻 난간 …… 함
鹹 짤 …… 함
緘 꿰맬 …… 함
喊 고함지를 …… 함
銜 재갈 …… 함
蛤 조개 …… 합
盒 합 …… 합
肛 똥구멍 …… 항
缸 항아리 …… 항
楷 해서 …… 해
偕 함께 …… 해
諧 화할 …… 해
懈 게으를 …… 해
邂 만날 …… 해
駭 놀랄 …… 해
骸 뼈 …… 해
咳 기침할 …… 해
劾 캐물을 …… 핵
饗 잔치 …… 향
嚮 향할 …… 향
墟 터 …… 허
噓 불 …… 허
歇 쉴 …… 헐
絢 무늬 …… 현
眩 어찔할 …… 현
衒 자랑할 …… 현
頰 뺨 …… 협
挾 낄 …… 협
俠 호협할 …… 협
狹 좁을 …… 협
荊 가시나무 …… 형
彗 비 …… 혜
醯 식혜/초 …… 혜
弧 활 …… 호
狐 여우 …… 호
糊 죽 …… 호
瑚 산호 …… 호
琥 호박 …… 호
渾 흐릴/모두 …… 혼
惚 황홀할 …… 홀
笏 홀 …… 홀
哄 떠들 …… 홍
虹 무지개 …… 홍
訌 내분 …… 홍
驩 기뻐할 …… 환
鰥 홀아비 …… 환
喚 부를 …… 환

宦 벼슬/내시 …… 환
闊 트일 …… 활
猾 교활할 …… 활
恍 황홀할 …… 황
慌 다급할 …… 황
凰 봉황새 …… 황
徨 노닐 …… 황
煌 빛날 …… 황
惶 두려워할 …… 황
遑 허둥거릴 …… 황
誨 가르칠 …… 회
晦 그믐 …… 회
賄 뇌물 …… 회
蛔 회충 …… 회
徊 노닐 …… 회

恢 넓을 …… 회
膾 회 …… 회
繪 그림 …… 회
哮 으렁거릴 …… 효
酵 술밑 …… 효
爻 효 …… 효
嚆 울릴 …… 효
逅 만날 …… 후
嗅 맡을 …… 후
吼 울 …… 후
朽 썩을 …… 후
暈 달무리 …… 훈
喧 시끄러울 …… 훤
喙 부리 …… 훼
卉 풀 …… 훼

麾 대장기 …… 휘
彙 무리 …… 휘
諱 꺼릴 …… 휘
恤 구휼할 …… 휼
兇 흉악할 …… 흉
洶 물살세찰 …… 흉
欣 기뻐할 …… 흔
痕 흉터/흔적 …… 흔
欠 하품 …… 흠
歆 흠향할 …… 흠
洽 흡족할 …… 흡
恰 비슷할 …… 흡
犧 희생할 …… 희
詰 꾸짖을 …… 힐

찾아보기

기초한자 250(한자의 원리와 활용 재개정판)

편 저 : 충북대학교 중어중문학과 교재편찬위원회
- 위 원 장 : 배득렬
- 기획위원 : 김인경, 최병덕
- 편집위원 : 김영기, 구교현, 강주완
  조현국, 이상오, 이종희

발행처 : 충북대학교 출판부
발행인 : 김승택
주 소 : (361-763) 충북 청주시 흥덕구 성봉로 410
전 화 : (043) 261-2952, 3014
팩 스 : (043) 274-1256
이메일 : presscbu@chungbuk.ac.kr
등 록 : 제1983-2001-7호
개 정 1쇄: 2004. 03. 01
재개정2쇄: 2010. 10. 20

인쇄처 : (주)현문 031) 902-1424

ⓒ충북대학교 출판부 2010, printed in KOREA
ISBN 978-89-7295-158-2 93710

값 12,000원